들풀

趙延年木刻挿圖本_野草
illustrated by Zhao Yan Nian

ⓒ The People's Literature Publishing House, 2003
Korean Translation Copyright ⓒ MUNHAKDONGNE Publishing Corp., 2011
All rights reserved.

This Korean edition is published by arrangement
with The People's Literature Publishing House
through Carrot Korea Agency, Seoul.

이 책의 한국어판 저작권은 캐럿 에이전시를 통해
인민문학출판사와 독점 계약한 (주)문학동네에 있습니다.
저작권법에 의해 한국 내에서 보호를 받는 저작물이므로
무단 전재 및 무단 복제를 금합니다.

들풀

루쉰 지음 | 자오옌녠 그림 | 이욱연 옮김

문학동네

머리글
題辭

침묵할 때 나는 가득 참을 느낀다. 나는 입을 열자마자 공허감을 느낀다.

과거의 생명은 이미 죽었다. 나는 그 죽음이 참으로 기쁘다. 죽었기에 그것이 예전에 살아 있었음을 알 수 있어서다. 죽은 생명은 벌써 썩었다. 나는 그 썩음이 참으로 기쁘다. 썩음으로 하여 그것이 공허한 존재가 아니었음을 알 수 있어서다.

생명의 흙을 대지에 뿌렸지만 나무는 자라지 않고 들풀만 자란다. 내 죄다.

들풀은 뿌리도 깊지 않고, 꽃과 잎도 예쁘지 않다. 하지만 들풀은 이슬을 먹고 물을 마시고 오래전에 죽은 사람의 피와 살을 먹고 저마다 자신의 삶을 누린다. 들풀은 살아가면서 인간에게

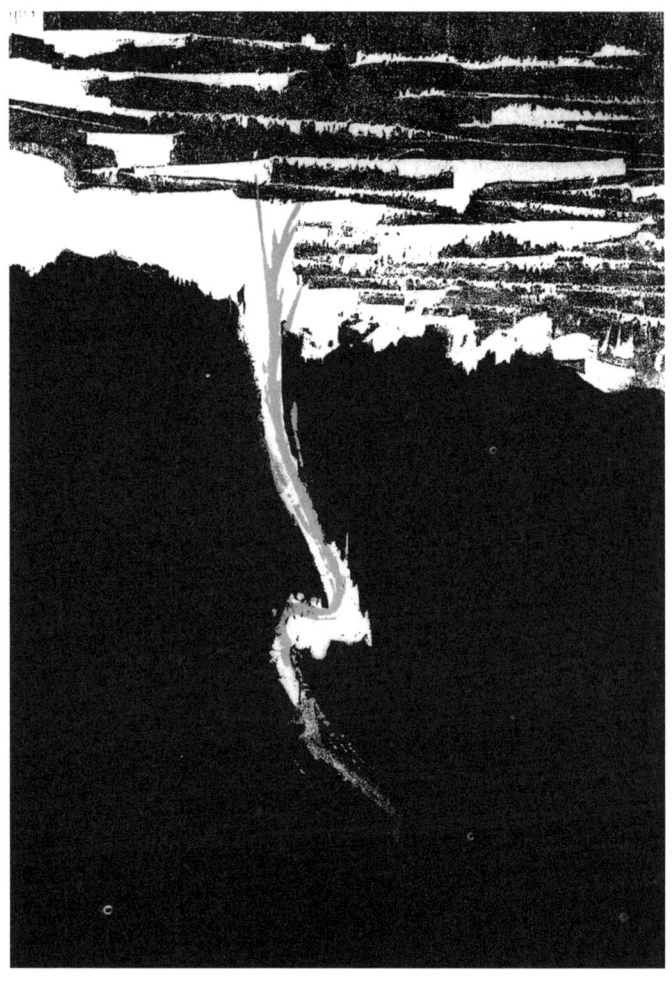

지하에서 대지의 불이 질주한다. 용암이 솟구치면 모든 들풀도, 큰 나무도 불에 탈 것이다. 그리하여 썩을 것도 없게 될 것이다.

짓밟히고, 낫으로 베이기도 하고, 그러다 죽는다. 썩는다.

그러나 나는 담담하다. 기쁘다. 나는 크게 웃는다. 나는 노래한다.

나는 나의 들풀을 사랑한다. 하지만 들풀로 자신을 장식하는 대지는 증오한다.

지하에서 대지의 불이 질주한다. 용암이 솟구치면 모든 들풀도, 큰 나무도 불에 탈 것이다. 그리하여 썩을 것도 없게 될 것이다.

하지만 나는 담담하다. 기쁘다. 나는 크게 웃는다. 노래한다.

천지가 이렇게 적막하여 나는 크게 웃을 수도, 노래할 수도 없다. 천지가 이렇게 적막하지 않더라면 아마 그렇게 하지 못할 것이다. 밝음과 어둠, 삶과 죽음, 과거와 미래 사이에서 이 들풀 한 다발을 벗과 원수, 사람과 동물, 사랑하는 사람들과 사랑하지 않는 사람들 앞에 나의 증거로 바친다.

나 자신을 위해, 벗과 원수, 사랑하는 사람들과 사랑하지 않는 사람들을 위해 이 들풀이 하루빨리 죽고 썩기를 희망한다. 그렇지 않으면 나는 예전에 살지 않은 것이 될 것이고, 이는 죽음보다 썩는 것보다 더 불행한 일이다.

가라, 들풀아, 나의 머리글과 더불어.

1927년 4월 26일, 광저우의 바이윈루(白雲樓)에서

◎ 차례

머리글 • 005

가을밤 • 011

그림자의 작별 • 017

걸인 • 021

나의 실연 • 025

복수 • 027

복수 2 • 031

희망 • 035

눈 • 041

연 • 045

아름다운 이야기 • 051

행인 • 055

죽은 불꽃 • 069

개의 반박 • 075

잃어버린 좋은 지옥 • 079

묘비명 • 083

퇴락의 전율 • 085

생각을 표현하는 방법 • 093

죽은 후에 • 099

이러한 전사 • 107

총명한 사람과 바보 그리고 노예 • 111

마른 나뭇잎 • 123

흐릿한 핏자국 속에서 • 125

각성 • 129

루쉰 연보 • 135

옮긴이의 말 • 141

가을밤

秋夜

  우리 집 뒤뜰에서는 담 너머로 나무 두 그루가 보인다. 하나는 대추나무이고 다른 하나 역시 대추나무이다.

  그 나무 위로 밤하늘이 이상하게 높았다. 내 평생 그렇게 이상하게 높은 하늘은 본 적이 없다. 사람이 다시는 쳐다보지 못하도록 인간 세상을 떠나려는 것 같다. 하지만 지금은 더없이 파란 수십 개의 별의 눈, 차가운 눈이 박힌 채 깜빡이고 있다. 하늘은 입가에 미소를 짓고 뭔가 깊은 뜻이 있는 것처럼 우리 집 뜰에 있는 화초에 된서리를 뿌리고 있다.

  나는 그 화초의 진짜 이름이 무엇인지, 사람들이 무엇이라고 부르는지 알지 못한다. 아주 조그만 분홍꽃이 피었던 것만 기억난다. 지금도 피어 있지만 훨씬 작다. 그녀는 차가운 밤공기에 잔뜩 움츠린 채 꿈을 꾼다. 봄이 오는 꿈, 가을이 오는 꿈 그리고 어느 초췌한 시인이 가지 끝에 달린 마지막 꽃잎에 눈물을 흘리면서 가을이 오고 겨울이 와도 그 뒤엔 봄이 온다고, 나비가 날고 꿀벌이 봄노래를 부를 것이라고 말해주는 꿈을. 그리하여 그녀는 웃는다. 추위에 얼굴이 빨갛게 얼고 잔뜩 움츠러들었지만.

대추나무는 잎이 다 떨어졌다. 얼마 전에 아이들이 하나둘 와서 사람들이 따고 남은 대추를 따느라 장대질을 하는 바람에 이제는 하나도 남지 않았고, 잎도 다 떨어졌다. 그도 조그만 분홍 꽃의 꿈을 알고 있다. 가을이 가면 봄이 오리라는 꿈. 물론 낙엽의 꿈도 알고 있다. 봄이 가면 가을이 오리라는 꿈. 잎사귀가 다 떨어지고 앙상한 가지만 남았지만, 온통 열매와 잎사귀가 달려 활처럼 휘었던 예전 모습에서 벗어난 그는 편하게 몸을 쭉 폈다. 그러나 가지 몇 개는 아직도 축 늘어진 채 대추를 따려던 장대에 맞아 입은 상처를 다스리고 있다. 가장 곧게 가장 길게 뻗은 가지들이 쇠처럼 묵묵히 이상하게 높은 하늘을 찔러서 하늘이 눈을 깜빡거리고, 둥근 달을 찔러서 달이 창백해졌다.

눈을 깜빡거리는 하늘은 갈수록 파래지고 불안해하는 것이 대추나무를 피해 달만 혼자 남겨둔 채 인간 세상을 떠나려는 것 같다. 하지만 달도 슬그머니 동쪽으로 숨어버린다. 그런데도 아무것도 가진 것 없는 나무줄기는 아랑곳하지 않고 묵묵히 쇠처

아무것도 가진 것 없는 나무줄기는 아랑곳하지 않고 묵묵히 쇠처럼
이상하게 높은 하늘을 찌르고 있다.

럼 이상하게 높은 하늘을 찌르고 있다. 아무리 하늘이 갖은 방법으로 눈을 깜빡거리며 유혹해도 기어이 그를 죽이겠다는 듯이.

끼룩 소리를 내며 밤에 쏘다니는 흉조가 날아간다.

나는 문득 한밤중에 들려오는 웃음소리를 듣는다. 잠을 자고 있는 사람들이 놀라 깰까봐 소리를 죽이지만 벌써 주위의 공기가 호응하여 웃고 있다. 한밤, 다른 사람은 없다. 나는 그 소리가 바로 내 입에서 나온 것을 알고는 그 웃음소리에 쫓겨 얼른 내 방으로 돌아온다. 나는 얼른 등불의 심지를 올린다.

뒤창 유리를 툭툭 때리는 소리를 내면서 작은 나방들이 날아와 부딪힌다. 얼마 있자 몇 마리가 안으로 들어왔다. 창호지가 찢긴 틈으로 들어온 것일 게다. 녀석들이 들어오자 유리 등피에서 툭툭 소리가 난다. 한 마리가 위에서 뚫고 들어가 불에 부딪혔다. 내 생각에 그것은 진짜 불이었다. 두세 마리가 종이 등갓에 앉아 숨을 헐떡이며 쉬고 있다. 어제 저녁에 새로 간 갓이다. 눈처럼 하얀 종이로 만든 것인데, 물결처럼 주름이 잡히고 한쪽에 붉은 치자나무가 그려져 있다.

붉은 치자나무가 꽃을 피울 때면 대추나무는 작은 분홍꽃의 꿈을 꾸고 파릇파릇 활처럼 굽을 것이다…… 나는 다시 한밤중에 들려오는 웃음소리를 듣는다. 나는 얼른 내 생각을 끊고 하얀 종이 등갓에 앉은 작은 벌레를 본다. 머리는 크고 꼬리는 작은 것이 해바라기 같다. 밀알 반 톨 크기밖에 되지 않는데 온몸이 파란 것이 사랑스럽기도 하고 가엾기도 하다.

    나는 하품을 하고는 담배에 불을 붙이고 연기를 뿜으며 묵묵히 이 파랗고 멋진 영웅들에게 삼가 경의를 표한다.

1924년 9월 15일

그림자의 작별

影的告別

그가 세상모르고 잠들어 있을 때 그림자가 다가와 말했다.

천당에 내가 즐거워하지 않는 것이 있다면 나는 가지 않을 것이다. 지옥에 내가 즐거워하지 않는 것이 있다면 나는 가지 않을 것이다. 미래의 황금 세계에 내가 즐거워하지 않는 것이 있다면 나는 가지 않을 것이다.

그런데 당신은 바로 내가 즐거워하지 않는 사람이었다.

친구여, 나는 당신을 이제 그만 따라다니겠다. 나는 한곳에 머물기 싫다.

나는 그러기 싫다.

아아, 나는 그러기 싫다. 나는 차라리 아무것도 없는 곳을 방황하겠다.

나는 그저 그림자였을 뿐, 이제 당신과 헤어져 어둠 속에 가라앉으련다. 하지만 어둠은 또 나를 삼켜버릴 것이고, 빛도 나를 삼켜버릴 것이다.
하지만 나는 어둠과 빛 사이에서 방황하고 싶지 않다. 차라리 어둠 속에 가라앉으련다.

하지만 나는 결국 어둠과 빛 사이에서 방황하고 있다. 황혼인지 여명인지 모르겠다. 차라리 잿빛 손을 들어 건배하는 시늉을 하며 그대가 세상모르고 자고 있을 때, 홀로 멀리 떠나련다.
아아, 황혼이라면 어두운 밤이 나를 삼킬 것이고, 그렇지 않다면 대낮이 나를 사라지게 할 것이다. 지금이 여명이라면.

친구여, 때가 되었다.
나는 어둠을 향해 가서 아무것도 없는 곳을 방황할 것이다.
나에게 선물을 하고 싶을 것이다. 나는 그대에게 무엇을 선물할까? 없다. 암흑과 공허뿐이다. 하지만 나는 그저 암흑이 되고 싶다. 아니면 그대의 대낮에 사라질 것이다. 나는 그저 공허가 되고 싶다. 그대의 마음을 차지하려는 게 아니다.

내가 바라는 것은 이것이다. 친구여……

나는 혼자 멀리 갈 것이다. 그대도 없고, 어둠 속에 다른 그림자도 없을 것이다. 내가 어둠 속에 가라앉으면 그 세계가 온통 내 것이 될 것이다.

1924년 9월 24일

걸인

求乞子

나는 부식된 높은 담장을 따라 푸석푸석한 먼지가 깔린 길을 가고 있었다. 나 말고 다른 사람 몇이 더 있었는데 각자 길을 가고 있었다. 미풍이 일자 담장 위 나뭇가지에 달린 아직 시들지 않은 나뭇잎이 내 머리 위에서 흔들거렸다.

미풍이 일자 주위가 온통 먼지투성이가 되었다.

한 아이가 나에게 구걸을 했다. 겹옷도 입고 슬퍼 보이지도 않았는데, 고개를 숙이고 길을 가로막더니 계속 따라오며 울부짖었다.

나는 그의 목소리와 태도가 질색이었다. 슬퍼하지도 않고 장난치는 듯한 모습이 증오스러웠고, 계속 따라오면서 울부짖는 것도 질색이었다.

나는 길을 갔다. 다른 몇 사람도 각자 길을 갔다. 미풍이 일자 주위가 온통 먼지투성이가 되었다.

한 아이가 나에게 구걸을 했다. 겹옷도 입고 슬퍼 보이지도 않았는데, 벙어리인지 손을 펴며 손짓을 해 보였다.

나는 그 손짓이 질색이었다. 더구나 그는 벙어리가 아니었고 그저 구걸하는 방법일 뿐이었다.

나는 적선을 베풀지 않았고, 그럴 마음도 없었다. 나는 적선을 베푸는 사람들 위에서 그들을 역겨워하고 의심하고 증오할 것이다.

무너진 흙담을 따라 걷는데, 허물어진 흙 사이로 깨진 벽돌이 쌓여 있고, 담 안에는 아무것도 없었다. 미풍이 일자 가을 추위가 내 겹옷 사이로 파고들었다. 주위가 온통 먼지투성이였다.

나는 장차 무슨 방법으로 구걸을 할지 생각했다. 소리를 낸다면 어떤 소리를 낼까? 벙어리 흉내를 낸다면 어떤 손짓을 할까?……

다른 몇 사람도 각자 길을 갔다.

나는 적선을 받지도 않을 것이고, 적선을 베풀어주길 바라지도 않을 것이다. 자신이 적선을 베푸는 사람들보다 위에 있다고 생각하는 사람들이 내게 보내는 역겨움과 의심과 증오를 받을 것이다.

나는 무위(無爲)와 침묵으로 구걸할 것이다……

나는 적어도 허무함은 얻을 것이다.

미풍이 일자 주위가 온통 먼지투성이가 되었다. 다른 몇 사람은 각자 길을 갔다.

먼지, 먼지……

……

먼지……

1924년 9월 24일

나의 실연

我的失戀

— 옛 시를 흉내 내어 멋대로 짓다

내 사랑, 산 너머에 있어
찾아가려 해도 산이 너무 높아
고개를 떨구자 눈물만 옷을 적시네.
그대가 내게 준 나비 수놓은 손수건
무엇으로 답할까? 부엉이.
그 후로는 외면하고 상대를 안 하네
왜 그럴까? 나를 놀라게 하네.

내 사랑, 북적이는 시내에 살아
찾아가려 해도 사람들로 너무 붐벼
고개를 들자 눈물만 귀를 적시네.
애인이 내게 준 제비 한 쌍 그림
무엇으로 답할까? 얼음사탕.

그 후로는 외면하고 상대를 안 하네
왜 그럴까? 나를 어리둥절하게 하네.

내 사랑, 강가에 살아
찾아가려 해도 강이 너무 깊어
고개를 갸웃하자 눈물만 옷깃을 적시네.
애인이 내게 준 황금 시곗줄
무엇으로 답할까? 땀내는 약.
그 후로는 외면하고 상대를 안 하네
왜 그럴까? 나를 신경쇠약에 걸리게 하네.

내 사랑, 비싼 집에 살아
찾아가려 해도 자동차가 없어
고개를 흔들자 눈물만 주르륵.
애인이 내게 준 장미꽃
무엇으로 답할까? 붉은 뱀.
그 후로는 외면하고 상대를 안 하네
왜 그럴까? 맘대로 내버려두리라.

1924년 10월 3일

복수

復讐

 사람의 피부 두께는 반 푼도 되지 않고, 뜨거운 붉은 피는 그 안쪽에서 겹겹으로 담장을 기어오르는 홰나무 자벌레보다 더 빽빽하게 혈관 속을 흐르며 열기를 뿜어낸다. 그 뜨거운 열기로 서로 유혹도 하고 선동도 하고 끌어당기기도 하고, 필사적으로 몸을 기대려 하고 입을 맞추고 껴안으면서 달콤한 생명의 일대 희열을 누린다.

 하지만 뾰족하고 예리한 칼로 복숭앗빛 얇은 피부를 찌르면 그 뜨거운 붉은 피는 당겨진 화살처럼 솟아 살인자에게 직접 쏟아질 것이다. 그다음 얼음처럼 차가운 호흡을 하며 입술이 창백해지고 정신이 아득해지는 가운데 생명이 극도로 비상할 때 오는 일대 희열을 느낄 것이다. 물론 그 자신도 생명이 비상할 때

그들은 서로 포옹을 할 것인가, 살육을 할 것인가……

오는 일대 기쁨을 느낄 것이다.

이러하기에, 그 둘은 몸에 아무것도 걸치지 않고 예리한 칼을 든 채 광막한 광야에 마주 서 있는 것이다.

그들은 서로 포옹을 할 것인가, 살육을 할 것인가……

홰나무 자벌레가 담장을 기어오르듯, 개미가 물고기 머리를 끌고 가듯 행인들이 사방에서 빽빽이 겹겹이 몰려온다. 좋은 옷차림을 하고, 손에는 아무것도 없다. 사방에서 달려와 기를 쓰며 목을 빼고 포옹을 할지 살육을 할지 감상하려고 한다. 그들은 일이 벌어지고 난 뒤에 자기 혀로 느낄 땀과 피를 미리 맛보고 있다.

하지만 그 둘은 서로 마주 선 채, 광막한 광야에서, 아무것도 걸치지 않고, 예리한 칼을 들고서 포옹도 하지 않고 살육도 하지 않는다. 포옹을 하거나 살육을 할 뜻이 아예 없어 보인다.

그들은 영원히 그렇게 서 있다. 생기 넘치던 몸은 진즉에 바싹 말랐지만, 그래도 포옹하거나 살육할 뜻이 전혀 없어 보인다.

행인들은 그래서 심심해졌다. 무료함이 그들의 모공을 뚫고 들어오는 것 같고, 무료함이 그들 마음속 모공을 뚫고 나와 광야에 가득 기어다니다 다시 다른 사람의 모공으로 들어가는 것 같았다. 그들은 입이 바짝 마르고 목이 뻣뻣해지는 걸 느꼈다. 마침내 서로 눈치를 보더니 천천히 흩어졌다. 갑자기 사는 재미가

복수

없어지고 시들해졌다.

  그리하여 이제 광막한 광야만 남았다. 그래도 그 둘은 아무것도 걸치지 않고 예리한 칼을 들고서 바싹 마른 채 서 있다. 죽은 사람 같은 눈길로 행인들이 바싹 마르는 것을 감상하며 무혈의 격전을 치르고 있다. 생명이 고양되는 극치의 순간에 느끼는 일대 환희 속으로 영원히 빠져들면서.

1924년 12월 20일

복수 2
復讐 2

 그는 자신이 하나님의 아들이라고, 이스라엘의 왕이라고 여겼기에 십자가에 못 박혔다.
 군인들은 그에게 자주색 옷을 입히고 머리에 가시관을 씌우고 그를 축하했다. 그런 뒤 다시 갈대로 그의 머리를 때리고 침을 뱉고 무릎을 꿇고 그를 경배했다. 희롱이 끝나자 자주색 옷을 벗기고 원래 그가 입던 옷을 입혔다.
 보라, 그들이 그의 머리를 때리고, 침을 뱉고, 그를 경배하는 것을……
 그는 몰약을 탄 술을 거부한 채 이스라엘인이 자기네 신의 아들을 어떻게 대하는지 똑똑히 보려 했고, 꽤 오래도록 그들의 앞날을 안타까워했지만, 그들의 현재는 증오했다.

사방이 적의로 가득했다. 가련하고 저주스러웠다.

탕탕 소리가 나고 못 끝이 손바닥을 뚫었다. 자기네 신의 아들을 못 박는 저 가련한 인간들아. 그러자 통증이 한결 약해졌다. 탕탕 소리가 나고 못 끝이 발등을 뚫었다. 못이 뼈를 부쉈다. 고통이 가슴속 깊이 느껴졌다. 자기네 신의 아들을 못 박아 죽이는 너희 저주스러운 인간들이여! 그러자 고통이 한결 편해졌다.

십자가가 세워졌다. 그가 허공에 매달렸다.

그는 몰약을 탄 술을 거부한 채 이스라엘인이 자기네 신의 아들을 어떻게 대하는지 똑똑히 보려 했고, 꽤 오래도록 그들의 앞날을 안타까워했지만, 그들의 현재는 증오했다.

길가의 사람들이 그에게 욕을 하고 제사장과 서기관도 그를 희롱하고 같이 못 박히는 강도 두 사람도 그를 조롱했다.

보라, 그와 같이 못 박히는 저들을……

주위가 온통 적의와 연민, 저주로 가득했다.

그는 손발에 고통을 느끼면서도 가련한 인간들이 신의 아들을 못 박고 저주스러운 인간들이 신의 아들을 못 박는 것을, 신의 아들이 못에 박혀 죽는 기쁨을 누리는 인간들을 똑똑히 보고 있었다.

그의 복부가 씰룩했다. 슬픔과 저주가 담긴 고통스러운 움직임이었다.

탕탕 소리가 나고 못 끝이 손바닥을 뚫었다.
자기네 신의 아들을 못 박는 저 가련한 인간들아.

천지가 온통 어두워졌다.

"엘리 엘리 라마사박다니!"*

하나님은 그를 버렸고 그는 결국 사람의 아들로 돌아갔다. 그러나 이스라엘인은 사람의 아들조차 못 박아 죽였다.

사람의 아들을 못 박아 죽인 사람들의 몸은 신의 아들을 못 박아 죽인 사람들보다 핏자국과 피비린내가 더 심했다.

1924년 12월 20일

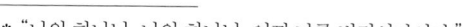

---

* "나의 하나님, 나의 하나님, 어찌 나를 버리시나이까."

희망

希望

나의 마음은 무척 쓸쓸하다.

하지만 아주 편안하기도 하다. 사랑도 없고 증오도 없다. 기쁨도 슬픔도 없다. 소리도 색도 없다.

나이가 든 때문일까. 내 머리가 벌써 하얗게 된 것은 분명한 사실 아닌가? 내 손이 떨리는 것도 분명한 사실 아닌가? 그러고 보면 내 영혼의 손도 분명 떨고 있고, 머리도 분명 하얗게 되었으리라.

이것은 벌써 여러 해 전부터 그러했다.

그 이전에, 내 마음은 피비린내 나는 노랫소리로 가득했다. 피와 강철, 불꽃과 독, 회복과 복수로 가득 찼었다. 그러나 이 모든 것이 공허해졌다. 가끔 어쩔 수 없이 자기기만적이기 마련인 희망이란 것으로 이 공허를 메우려고도 했다. 희망, 희망…… 나는 이 희망을 방패 삼아 암흑의 밤의 습격을 막아보려고도 했다. 설령 방패의 안쪽 역시 공허 속 암흑의 밤일지라도. 하지만 그런 속에서 나의 청춘은 계속 소진되었다.

나의 청춘이 이미 사라져버렸다는 것을 내 어찌 진즉 몰랐을 것인가? 그러나 내 몸 밖에는 당연히 청춘이 존재한다고 믿었다. 별, 달빛, 죽은 나비, 어둠 속의 꽃, 부엉이의 불길한 소리, 각혈하는 두견새, 웃음의 아득함, 사랑의 춤…… 슬프고 아득한 청춘일망정 청춘은 그래도 청춘이다.

그러나 지금은 왜 이리 적막할까? 몸 밖의 청춘마저 다 사라져버렸나? 세상 청년들도 다 늙어버린 것일까?

나 홀로 이 공허 속 암흑의 밤과 싸우는 수밖에 없다. 나는 희망이라는 방패를 버리고, 페퇴피 샨도르의 「희망」을 듣는다.

희망이란 무엇이더냐? 탕녀로다.
그녀는 아무에게나 웃음을 팔고 모든 것을 바친다.
그대가 고귀한 보물
그대의 청춘을 바쳤을 때
그녀는 그대를 버린다.

절망은 허망하다. 희망이 그러하듯.

위대한 서정시인이자 헝가리의 애국자였던 그가 조국을 위하여 코사크 병사의 창에 죽은 지 벌써 칠십오 년이 지났다. 슬프다, 죽음이여. 그러나 더욱 슬픈 것은 그의 시가 지금도 죽지 않았다는 것이다.

하지만, 슬픈 인생이여! 저 걸출한 영웅 페퇴피도 어두운 밤 앞에 걸음을 멈추고 아득한 동쪽을 돌아보며 말했다.

절망은 허망하다. 희망이 그러하듯.

내가 밝지도 어둡지도 않은 이 허망함 속에서 목숨을 부지할 수 있다면, 사라진 저 슬프고 아득한 청춘을 찾으리라. 그것이 내 몸 밖의 청춘이어도 좋다. 몸 밖의 청춘이 소멸되면 내 몸 안의 황혼도 이내 스러질 것이기에.

그러나 지금은 별도 없고, 달도 없다. 죽은 나비도, 웃음의 아득함도, 사랑의 춤도 없다. 그런데 청년들은 아주 고요하다.

나 홀로 이 공허 속 암흑의 밤과 싸우는 수밖에 없다. 설령 내 몸 밖에 있는 청춘을 찾아내지 못할지라도, 내 몸 안의 황혼만큼은 스스로 떨쳐내야 한다. 그런데 암흑의 밤은 또 어디에 있는가? 지금은 별도 없고, 달도 없다. 웃음의 아득함도, 사랑의 춤도 없다. 청년들은 고요하다. 그리고 내 앞에는 진정한 암흑의 밤조차 없다.

   절망은 허망하다. 희망이 그러하듯.

1925년 1월 1일

눈

雪

　따뜻한 남쪽의 비는 차갑고 단단하고 찬란한 눈꽃이 되어본 적이 한 번도 없다. 박식한 사람들은 그런 비가 단조롭다고 여길 것이다. 그런데 비도 스스로 불행이라고 여길까? 하지만 강남의 눈은 촉촉한 것이 아름답기 그지없다. 그것은 은은한 청춘의 소식이고, 더없이 건강한 처녀의 피부이다. 눈 덮인 들판에는 피처럼 붉은 동백이 피었고, 파란빛을 띤 하얀색 홑꽃잎의 매화도, 종 모양의 진노랑색 납매(臘梅)도 피었다. 눈 밑에는 녹색 잡초도 있다. 물론 나비는 없다. 동백과 매화를 오가는 꿀벌이 있었는지는 정확히 기억할 수 없다. 하지만 눈 덮인 들판에 겨울 꽃이 피고 많은 꿀벌이 바삐 날아다니는 것이 눈앞에 보이는 것 같고 벌들이 웅웅거리는 소리가 귓가에 들리는 것 같다.

아이 일고여덟 명이 벌겋게 언 생강순 같은 조막손을 호호 불며 눈사람을 만들고 있다. 잘 만들어지지 않자 한 아이의 아버지인 듯한 사람이 와서 도와준다. 눈사람이 아이들보다 크게 만들어졌다. 위쪽과 아래쪽이 한데 붙어 있어서 조롱박인지 눈사람인지 분간이 되지 않는다. 그래도 하얗고 밝은 온몸에 윤기가 흐르면서 반짝반짝 빛을 낸다. 아이들이 용안(龍眼) 씨로 눈을 만들고 자기 엄마의 연지를 훔쳐온 누군가가 입술을 바른다. 그러자 이제 진짜 눈사람이 되었다. 이글거리는 눈과 새빨간 입술로 눈밭에 앉아 있다.

이튿날 아이들 몇이 눈사람을 찾아온다. 눈사람을 바라보며 손뼉을 치고 고개를 끄덕이며 웃는다. 하지만 눈사람은 그저 혼자 앉아 있다. 맑은 날씨에 그의 피부가 녹았지만 차가운 저녁이 되자 다시 얼음이 한 겹 덮이고 불투명한 수정처럼 되었다. 하지만 맑은 날씨가 연일 계속되면서 눈사람 꼴은 엉망이 되고 입의 연지도 다 사라져버렸다.

이에 비해 북방의 눈꽃은 훨훨 날리면서 가루처럼, 모래처럼 영원히 뭉쳐지지 않고, 지붕에, 땅바닥에, 마른 풀에 흩뿌려진 눈도 다 그렇다. 지붕의 눈은 벌써 녹아버렸다. 사람 사는 집에서 나오는 불의 온기 때문이다. 다른 곳의 눈은 맑은 날, 회오리바람이 훅 불어오자 치솟아오르면서 햇빛을 받아 반짝거리고 불

길을 감싼 짙은 안개처럼 회오리를 치며 솟아올라 하늘을 뒤덮고, 맴돌고 솟구치면서 반짝거린다.

   아득한 광야에서, 차디찬 하늘에서 반짝반짝 맴돌며 솟구치는 것, 그것은 비의 영혼이다……

   그렇다. 그것은 고독한 눈이고, 죽은 비이고, 비의 영혼이다.

1925년 1월 18일

아득한 광야에서, 차디찬 하늘에서 반짝반짝 맴돌며 솟구치는 것,
그것은 비의 영혼이다……

연

風箏

　베이징의 겨울, 땅에는 아직 눈이 쌓여 있고, 앙상한 잿빛 나무들은 맑은 하늘에 가지를 뻗고 있고, 멀리 하나둘 연이 흔들린다. 놀랍기도 하고 슬프기도 하다.

　고향에서는 2월 봄에 연을 띄운다. 싸아 하는 바람개비 소리에 고개를 들면 회색 게 연과 연파란색 지네 연을 볼 수 있었다. 쓸쓸한 기와 연은 바람개비도 없이 낮게, 안돼 보이는 파리한 모습으로 날고 있었다. 하지만 지상의 버들은 벌써 싹이 나고 소귀나무도 이른 꽃망울을 제법 터뜨려 아이들이 연으로 수놓은 하늘과 함께 따뜻한 봄날 풍경을 이루었다. 나는 지금 어디에 있는가? 주위는 한겨울의 스산함만 가득한데 이별한 지 오래된 고향, 그 고향의 저만치 멀어진 봄날이 저 하늘가에서 출렁인다.

  하지만 나는 연날리기를 좋아하지 않았다. 좋아하지 않을 뿐 아니라 싫어했다. 못난 녀석들이나 하는 놀이라고 생각했기 때문이다. 하지만 내 작은 동생은 반대였다. 그때가 열 살쯤이었을 텐데, 곧잘 병치레를 했고 무척 야위었지만 연날리기를 아주 좋아했다. 동생은 연을 살 돈도 없는 데다 내가 못하게 해서 입만 벌린 채 멍하니 하늘만 바라보았다. 어떤 때는 반나절이나 그랬다. 멀리 있는 게 연이 갑자기 떨어지면 동생은 깜짝 놀랐고, 기와 연 둘이 실이 엉켰다 떨어지면 뛸 듯이 기뻐했다. 그런 동생의 모습은 내게 우습기도 하고, 천박해 보이기도 했다.

  어느 날 문득 며칠째 그런 동생의 모습을 보지 못한 것 같은 생각이 들었는데, 뒤뜰에서 마른 대를 줍는 걸 본 게 떠올랐다. 나는 뭔가를 깨달은 듯 곧장 사람이 잘 드나들지 않는 잡스런 물건을 쌓아두는 골방으로 뛰어갔다. 문을 열자 과연 먼지가 쌓인 물건들 사이에 동생이 있었다. 네모난 큰 책상을 마주한 채 작은 의자에 앉아 있다 화들짝 놀라며 일어섰는데, 얼굴이 겁에 질리고 잔뜩 주눅 들어 있었다. 큰 책상 옆에는 나비 연을 만들 대나무가 기대어 있었는데, 아직 종이를 붙이지 않은 채였다. 의자에는 눈으로 쓸 작은 바람개비가 두 개 있었고, 붉은 종이로 장식도 되어 있었다. 조금만 하면 곧 완성이었다. 나는 비밀을 적발

해낸 것에 흡족해하면서도 내 눈을 속이고 못난 녀석들이나 하는 짓을 하려고 기를 쓰는 동생에게 분통이 터졌다. 나는 곧장 나비 연의 한쪽을 부러뜨리고 바람개비를 땅바닥에 내동댕이쳐 짓밟아버렸다. 나이로 보나 힘으로 보나 동생은 내 상대가 아니었다. 나는 물론 완벽한 승리를 거두었고, 동생을 골방에 남겨둔 채 의기양양하게 나갔다. 그런 뒤 동생이 어떻게 되었는지 모르고, 관심도 갖지 않았다.

하지만 그 일에 대한 벌이 내게 돌아왔다. 동생과 못 본 지 한참이 되고, 벌써 중년의 나이가 된 때였다. 나는 불행히도 어린이에 대한 이야기를 다룬 외국 책을 우연히 보고 놀이는 어린이에게 가장 정당한 행동이며 장난감은 어린이의 천사라는 사실을 알게 되었던 것이다. 이로 인해 십이 년 동안 전혀 떠올려보지 않았던 정신적 학살의 광경이 불현듯 눈앞에 떠올랐고 내 마음도 납덩이로 변해 한없이 무겁게 가라앉았다.

마음이 무겁게 가라앉기는 했어도 끊어지지는 않았지만, 한없이 무겁게 가라앉았다.

나도 보상할 방법을 알고 있다. 동생에게 연을 보내고 연 띄우는 것에 찬성하고 연날리기를 하라고 한 뒤 동생과 같이 연을 날린다. 그러면서 같이 떠들고, 뛰어다니고, 웃는 것이다. 하지만 그때의 동생도 지금은 벌써 나처럼 수염이 났다.

나이로 보나 힘으로 보나 동생은 내 상대가 아니었다.

다른 보상 방법도 알고 있다. 동생에게 용서를 빌고 동생이 "하지만 나는 조금도 형을 원망하지 않아"라고 말해주기를 기다리는 것이다. 그러면 내 마음이 분명 가벼워질 테니 좋은 방법이다. 언젠가 우리가 만났을 때였다. 동생의 얼굴에는 고생한 흔적으로 갈래갈래 주름이 새겨져 있었다. 마음이 무거웠다. 나는 지나간 어렸을 때의 일을 이야기하다가 그 이야기를 꺼내면서 그때는 내가 어리석었노라고 말했다. "하지만 나는 조금도 형을 원망하지 않아"라고 말하면 내가 용서를 받은 셈이니, 내 마음도 가벼워질 것이라고 생각했다.

"그런 일이 있었어?" 동생은 놀란 듯이 웃으며 말했다. 다른 사람 이야기를 듣는 것 같았다. 동생은 아무것도 기억하지 못했다.

완전히 잊어버렸으니 아무런 원한도 없었다. 그런데 무슨 용서를 이야기할 것인가? 원한도 없는데 용서한다는 것은 거짓말이다.

내가 무엇을 더 바랄 수 있을 것인가? 내 마음은 어쩔 수 없이 무거워졌다.

지금, 고향의 봄이 이 낯선 땅 하늘에도 찾아와 내게 사라졌던 어린 시절의 추억을 가져다주고 더불어 종잡을 수 없는 슬픔을 자아낸다. 나는 사나운 한겨울 속으로 숨는 것이 나을 것 같다.

하지만 분명히 주위는 또 온통 한겨울이고, 그 한겨울이 내게 혹심한 추위와 차가움을 주고 있다.

1925년 1월 24일

아름다운 이야기

好的故事

등불이 점점 줄어들면서 석유가 얼마 남지 않았다고 예고한다. 좋은 석유도 아니어서 아까부터 연기가 나 갓이 새까맣게 그을렸다. 사방에서 폭죽 터지는 소리가 가깝게 들리고 내가 있는 곳까지 화약 연기가 자욱하다. 어두운 밤이다.

나는 눈을 감는다. 몸을 뒤로 젖히고 의자에 등을 기댄다. 『초학기(初學記)』*를 든 손을 무릎에 내려놓는다.

나는 정신이 몽롱한 가운데 아름다운 이야기를 보았다.

그 이야기는 아름답고 멋지고 재미있었다. 여러 가지 아름다운 사람과 아름다운 일이 하늘의 구름처럼 어울려 하늘에 있는

---

* 당나라 때 아이들 교육용으로 엮은 책. 시와 경서의 내용 등이 망라되어 있다.

수만 개 별무리처럼 날아다니며 끝이 없다.

쪽배를 타고 산음도(山陰道)*를 지나던 때를 떠올렸던 것 같다. 강 양쪽 언덕의 오구나무, 새로 난 벼, 들꽃, 닭, 개, 숲과 고목, 초가집과 탑, 절, 농부와 부녀자, 시골 여인, 볕을 받고 있는 빨래, 스님, 갓, 하늘, 구름, 대나무…… 등등이 물구나무 선 채 맑은 강물에 그림자를 드리우고 노를 저을 때마다 반짝거리는 햇빛을 받아 물속의 부평초, 물고기와 함께 일렁였다. 그림자와 사물이 조금도 흩어지지 않은 채 흔들리면서 커지고 서로 하나가 되었다. 하지만 서로 하나가 되자마자 다시 움츠러들어 원래 모습으로 돌아갔다. 그림자 끝 뾰족한 부분이 여름날 구름처럼 햇빛을 받아 은색 불꽃을 내고 있었다. 내가 지나간 강은 다 이러했다.

지금 내가 보고 있는 아름다운 이야기도 이러하다. 물속의 파란 하늘이 바탕이 되고 다른 사물들이 그 위에서 모두 엉키고 하나가 되어 끊임없이 움직이며 퍼져 나간다. 그 끝이 어디인지, 내게 보이지 않는다.

강가의 버드나무 고목 아래 핀 접시꽃은 필시 시골 여자아이가 심었을 것이다. 붉은 꽃들과 붉은 반점이 박힌 꽃들이 물에

---

* 사오싱 현 서남쪽 일대.

둥둥 떠가며 부서지기도 하고 길게 늘어나면서 겹겹이 연짓빛 파문을 일으키지만 어지럽지는 않다. 초가집, 개, 탑, 시골 여인, 구름…… 모두 다 일렁인다. 붉은 꽃송이들이 길게 늘어나 물을 퉁기며 세차게 나가는 붉은 비단 띠로 변했다. 비단 띠에 개를 수놓고, 개에 하얀 구름을 수놓고, 하얀 구름에 시골 여인을 수놓았다…… 그러다 한순간 다시 움츠러든다. 점점이 붉은 꽃들의 그림자는 흩어져 길게 늘어나 탑 속으로 들어가고, 시골 여인 속으로, 초가 속으로, 구름 속으로 들어간다.

이제 내가 보는 이야기가 아주 선명해졌다. 아름답고 멋지고 재미있고 선명하다. 하늘은 파랗고 수많은 아름다운 사람과 아름다운 일이 있다. 나는 그것들을 하나하나 모두 보고, 하나하나 모두 안다.

나는 그것들을 지켜볼 것이다……

나는 그것들을 지켜보려 하다 갑자기 깜짝 놀라 눈을 떴고, 비단 구름은 이미 구겨져 엉망으로 헝클어지고, 누가 커다란 돌덩이를 강물에 던지기라도 한 것처럼 물결이 갑자기 일어 한 폭의 그림자가 조각조각 부서졌다. 나는 거의 무의식적으로 땅에 떨어진 『초학기』를 얼른 주워 든다. 눈앞에 부서진 무지갯빛 그림자 몇 점이 아직 남아 있다.

나는 이 아름다운 이야기를 정말 사랑한다. 부서진 그림자가 아직 남아 있을 때, 그것을 다시 찾아내 완성할 것이다. 나는 책을 던지고는 몸을 굽히고 손을 뻗어 붓을 든다. 그런데 부서진 그림자는 어디 있는가? 그저 어두운 등불만 보이고, 나는 쪽배를 타고 있지도 않다.

하지만 나는 그 아름다운 이야기를 본 것만큼은 늘 기억할 것이다. 이 암흑의 밤에……

1925년 2월 24일

행인

過客

때 : 어느 날 황혼
곳 : 어떤 곳
인물:

  노인 — 약 일흔 살. 백발에 검정 두루마기를 입음.

  여자아이 — 약 열 살. 갈색 머리, 까만 눈동자, 하얀 바탕에 검정 네모무늬 저고리를 입음.

  행인 — 약 서른에서 마흔 살. 몹시 지친 상태이지만 의지가 강하고, 눈은 침울하고 수염은 덥수룩하고 머리는 헝클어졌음. 검정 저고리와 바지는 다 해지고 맨발에 다 뜯어진 신발을 신음. 자루 하나를 옆구리에 끼고 키만 한 지팡이를 짚고 있음.

동쪽에는 잡목 몇 그루와 깨진 기왓조각이 있다. 서쪽은 황량하고 퇴락한 무덤들이다. 그 사이에 길인 것도 같고 아닌 것도 같은 흔적이 있다. 조그만 흙집의 문이 그 흔적 쪽으로 열려 있고, 문 옆에 고목 그루터기가 하나 있다.

(여자아이가 그루터기에 앉아 있는 노인을 부축해 일으키려 한다.)

노인 : 애야. 애, 애야! 왜 그러고 서 있느냐?

아이 : (동쪽을 바라보며) 누가 오고 있어요. 저기 보세요.

노인 : 볼 필요 없다. 날 좀 잡고 안으로 들어가렴. 해가 지겠다.

아이 : 전 좀 볼게요.

노인 : 헛, 그 녀석! 날마다 하늘을 보고, 땅을 보고, 바람을 보는데, 다른 거 뭐 볼 게 있다고 그래? 그보다 더 좋은 볼거리가 어디 있다고 기어이 보겠다는 거야. 해가 질 무렵 나오는 것치고 사람한테 좋은 게 없는 법이야. ……그만 들어가자.

아이 : 그래도, 벌써 다 왔어요. 아아, 거지예요.

노인 : 거지라고? 그럴 리가.

(행인이 동쪽 잡목 사이에서 절룩거리며 걸어 나온다. 잠시 머뭇거리다 천천히 노인이 있는 곳으로 걸어온다.)

행인 : 어르신, 안녕하세요?

해가 질 무렵 나오는 것치고 사람한테 좋은 게 없는 법이야.

노인 : 예, 그렇소. 덕분에. 당신도 안녕하시오?

행인 : 어르신, 실례지만 물 한잔 얻어 마실 수 있을까요. 걷다 보니 목이 타서요. 근처에 연못도 없고 물웅덩이도 없더군요.

노인 : 음, 그러시오. 좀 앉아요. (여자아이에게) 아가, 가서 물 좀 가져오너라. 그릇은 깨끗이 씻어서.

(여자아이가 말 없이 흙집 안으로 들어간다)

노인 : 행인 양반, 좀 앉으시오. 성씨가 어떻게 되오?

행인 : 이름요? 저도 모릅니다. 제가 기억할 수 있는 때부터 혼자였으니까요. 제 이름이 무엇이었는지 모릅니다. 전 그저 걷기만 합니다. 사람들이 마음대로 이렇게 저렇게 저를 부르기도 하지만 기억을 못합니다. 게다가 같은 이름으로 부르는 걸 들어본 적이 없어서요.

노인 : 아아, 그럼 어디서 오는 길이오?

행인 : (조금 머뭇거리다) 저도 모릅니다. 제가 기억할 수 있는 때부터 이렇게 걷고 있었으니까요.

노인 : 그래요. 그럼 어디로 가는지 물어봐도 되겠소?

행인 : 당연히 괜찮지요. 하지만 저도 모릅니다. 제가 기억할 수 있는 때부터 이렇게 걷고 있었으니까요. 제가 가는 곳은 바로 앞에 있습니다. 저는 그저 먼 길을 왔다는 것과 지금 여기에 있다는 것만 기억할 뿐입니다. 저는 계속 저곳으로 가야 합니다.

(서쪽을 가리키며) 앞쪽 말입니다.

　(여자아이가 조심스럽게 나무 잔을 들고 와서 건넨다.)

　행인 : (잔을 받으며) 고마워요, 꼬마 아가씨. (물을 두 입에 다 마시고 잔을 돌려준다.) 고마워요, 꼬마 아가씨. 정말 오랜만에 이런 호의를 받습니다. 어떻게 감사를 드려야 할지 모르겠군요.

　노인 : 그럴 것 없어요. 당신에게 도움이 되지 않을 겁니다.

　행인 : 그렇죠. 저에게 도움이 되지는 않습니다. 하지만 전 지금 그나마 기력을 회복했습니다. 앞을 향해 가야겠습니다. 어르신, 어르신은 여기에 오래 사셨으니 저 앞이 어떤 곳인지 아시겠지요?

　노인 : 앞쪽? 앞쪽은 무덤이오.

　행인 :(놀란 듯이) 무덤이요?

　아이 : 아, 아니에요. 아니에요. 거긴 들백합과 들장미가 가득 있어요. 저도 자주 놀러가요. 그 꽃들을 보러요.

　행인 : (서쪽을 바라보며 미소 짓듯) 맞아요. 그런 곳에는 들백합과 들장미가 많지요. 나도 자주 놀러 갔었어요. 구경하러요. 하지만 저곳은 무덤이에요. (노인에게) 어르신, 저 무덤을 지나면 어떻게 되지요?

　노인 : 무덤을 지나면? 그건 나도 모르오. 가보지 않았으니까.

　행인 : 모르신다구요?

아이 : 저도 몰라요.

노인 : 난 그저 남쪽하고 북쪽, 동쪽만 아오. 내가 온 길 말이오. 내가 가장 잘 아는 곳이지. 당신에게도 가장 좋은 곳이었을 성싶소. 주책없다고 하지 마시오. 보아하니 당신도 꽤나 지친 것 같은데 돌아가는 게 나을 거요. 앞으로 더 가봐야 끝까지 간다는 보장도 없으니 말이오.

행인 : 끝까지 간다는 보장도 없다구요?…… (생각에 잠기다 놀란 듯이) 그건 안 됩니다! 저는 가야 합니다. 돌아가라구요? 거기에는 위선적이지 않은 곳이 없고 지주가 없는 곳이 없고 추방과 감옥이 없는 곳이 없고 가식적인 웃음이 없는 곳이 없고 거짓 눈물이 없는 곳이 없습니다. 저는 그런 것들을 증오합니다. 저는 돌아가지 않을 겁니다.

노인 : 꼭 그렇지만은 않을 거요. 마음속 깊이 눈물짓는 사람도, 당신 때문에 슬퍼하는 사람도 만날 수 있을 거요.

행인 : 아닙니다. 저는 그들이 마음속 깊이 눈물짓는 것을 보고 싶지 않습니다. 그들이 나 때문에 슬퍼하는 것도 바라지 않습니다.

노인 : 그럼 당신은, (고개를 저으며) 그저 가는 수밖에 없군요.

행인 : 그렇습니다. 저는 가는 수밖에 없습니다. 앞에서 저를 재촉하는 소리, 저를 부르는 소리가 나서 쉴 수가 없습니다. 하

지만 제 다리가 걷다가 터져버리고 많이 다친 데다 피까지 많이 나는 게 안타깝습니다. (한쪽 발을 들어 노인에게 보여주며) 이렇다보니 저는 피가 부족합니다. 피를 좀 마셔야 합니다. 그런데 피가 어디에 있을까요? 물론 다른 사람의 피를 마시고 싶지는 않습니다. 저는 그저 물을 마셔서 제 피를 보충하는 수밖에 없습니다. 오는 길에 늘 물이 있어서 부족하다고 느끼지 않았어요. 다만 제힘이 부치기 시작하더군요. 피에 물이 너무 많아졌기 때문입니다. 오늘은 조그만 물웅덩이도 만나지 못했는데, 길을 얼마 못 걸어서 그런가봅니다.

노인 : 꼭 그런 건 아닐 거요. 해도 저물었으니, 내 생각에는 좀 쉬는 게 나을 성싶소만. 나처럼 말이오.

행인 : 하지만 저 앞에서 나는 소리가 저더러 걸으라고 합니다.

노인 : 나도 알고 있소.

행인 : 아신다고요? 저 소리를 아신다고요?

노인 : 그렇소. 저 소리가 전에 나도 불렀소.

행인 : 그때도 지금 저를 부르는 저 소리였습니까?

노인 : 그건 모르오. 그 소리가 몇 번 불렀는데 내가 상대를 하지 않으니까 더 부르지 않았고, 그러다보니 나도 잊어버렸소.

행인 : 으음. 상대를 하지 않는다구요······ (생각에 잠기다 놀란 듯 귀를 기울이며) 안 됩니다. 그래도 저는 가는 게 낫겠어

요. 나는 쉴 수 없습니다. 제 발이 터진 게 안타깝습니다만. (길을 떠날 채비를 한다.)

아이 : 이거요! (천 조각을 건네며) 상처를 싸매세요.

행인 : 고마워요. (받으며) 꼬마 아가씨. 이거 정말…… 정말 오랫만에 이런 호의를 받네요. 이것 덕분에 길을 더 많이 갈 수 있을 것 같아요. (깨진 벽돌에 앉아 헝겊으로 발꿈치를 싸매면서) 그런데 안 되겠어요! (힘겹게 일어서며) 꼬마 아가씨, 돌려줄게요. 싸맬 수가 없네요. 더구나 이렇게 넘치는 호의에 나로서는 감사할 방법도 없구요.

노인 : 그렇게 감사할 것 없어요. 이게 당신한테 좋은 게 아닐 테니까.

행인 : 맞습니다. 이건 저한테 아무것도 좋은 게 없습니다. 하지만 이것은 최고의 은혜입니다. 보세요, 전 몸에 이런 걸 걸치고 있습니다.

노인 : 너무 그리 심각하게 생각하지 마시오.

행인 : 알겠습니다. 하지만 저는 그럴 수 없습니다. 전 두렵습니다. 제가 누구의 은혜를 받으면 시체를 발견한 독수리처럼 주위를 맴돌며 그가 죽기를, 그 모습을 내 눈으로 직접 볼 수 있기를 바라게 되거나 그만 빼고 저까지 모두 죽어버리라고, 저주받아 마땅한 저까지 죽어버리라고 저주를 할까봐서요. 하지만 제

꼬마 아가씨, 돌려줄게요. 싸맬 수가 없네요.
더구나 이렇게 넘치는 호의에 나로서는 감사할 방법도 없구요.

게는 그런 힘이 없습니다. 그런 힘이 있더라도 그가 그런 경우를 당하길 바라지 않습니다. 그는 그런 경우를 당하길 바라지 않을 테니까요. 제 생각에 이렇게 하는 게 제일 나을 것 같습니다. (여자아이에게) 꼬마 아가씨, 이 천은 너무 좋지만 좀 작군요. 돌려줄게요.

아이 : (겁내며 뒤로 물러선다) 전 필요 없어요. 가져가세요.

행인 : (웃듯이) 으음 …… 내가 손을 대서 그래요?

아이 : (고개를 끄덕이며 호주머니를 가리킨다) 거기다 넣어 가지고 가서 가지고 노세요.

행인 : (풀이 죽어 물러서며) 그런데 이걸 등에 지고 어떻게 걷지?

노인 : 좀 쉬어야 짊어질 수 있지. 조금 쉬면 괜찮을 거요.

행인 : 그래요, 쉬면…… (말없이 생각하다 갑자기 놀란 듯 귀를 기울이며) 아녜요. 그럴 수 없습니다. 저는 그래도 가야 합니다.

노인 : 당신은 쉴 생각은 하지 않는군요?

행인 : 저도 쉬고 싶습니다.

노인 : 그럼 좀 쉬구려.

행인 : 하지만, 전 그럴 수가 없습니다……

노인 : 그래도 가야 한다고 늘 생각하는 거요?

행인 : 그렇습니다. 그래도 가야 합니다.

노인 : 그렇다면야 가는 게 좋을 것 같소.

행인 : (허리를 펴면서) 그럼 작별 인사 드리겠습니다. 아주 고마웠습니다. (여자아이를 향해) 꼬마 아가씨, 이거 돌려줄게요. 받아요.

(여자아이가 겁내며 손을 거두고는 집 안으로 들어간다.)

노인 : 그냥 가져가시오. 너무 무거우면 무덤 있는 데 아무 데나 버리든지.

아이 : (다가오며) 아니, 그건 안 돼요!

노인 : 그럼 네가 들백합이나 들장미에 걸어두면 되겠구나.

아이 : (손뼉을 치며) 하하! 그럼 되겠네요!

행인 : 으음……

(아주 짧은 동안 침묵.)

노인 : 그럼 잘 가시오. 무사하길 빌겠소. (일어나 여자아이에게) 애야, 들어가게 나 좀 붙잡아다오. 해가 벌써 기울었지 않니. (돌아서 문으로 향한다.)

행인 : 정말 고맙습니다. 잘 지내십시오. (머뭇거리며 골똘히 생각하다 갑자기 놀란 듯이) 하지만 난 그럴 수 없어. 나는 갈 수밖에 없어. 난 그래도 가야 해…… (바로 고개를 곧추세우고 분연히 서쪽으로 간다.)

(여자아이가 노인을 부축해 집으로 들어가더니 이내 문을 닫는다. 행인은 절룩거리며 들판을 향해 걸어간다. 어둠이 그의 뒤를 따른다.)

1925년 3월 2일

행인은 절룩거리며 들판을 향해 걸어간다. 어둠이 그의 뒤를 따른다.

죽은 불꽃

死火

나는 빙산에서 달리는 꿈을 꾸었다.

아주 높은 빙산이었다. 얼어붙은 하늘이 맞닿아 있었고, 하늘은 얼어붙은 구름으로 가득 차 있었다. 물고기 비늘 조각 같았다. 산기슭은 얼음 나무숲이었고, 가지와 잎은 소나무와 삼나무 같았다.

나는 갑자기 얼음 골짜기로 떨어졌다.

사위가 온통 얼음투성이로 푸르스름했다. 그러나 푸르스름한 얼음 위로 무수한 붉은 그림자가 산호 더미처럼 엉켜 있었다. 고개를 숙여 발밑을 보자 불이 타오르고 있었다.

죽은 불꽃이었다. 이글거리는 모양이 산호 가지처럼 조금도 흔들림 없이 죄다 얼어붙어 있었다. 뾰족한 끝에는 까만 연기가 응고되어 있는데 화택(火宅)*에서 나와 말라붙은 것 같았다. 이렇게 얼음으로 된 사방 벽이 서로 비추면서 무량수의 그림자가 되어 이 얼음 계곡을 붉은 산호색으로 만들었다.

하하!

난 원래 어려서부터 쾌속정이 지나면서 일으키는 물보라와 커다란 불구덩이에서 내뿜는 뜨거운 불꽃 보는 것을 좋아했다. 좋아만 한 것이 아니라 모양을 똑똑히 보고 싶었다. 하지만 시시각각 변하면서 모양이 고정되지 않았고 도무지 일정한 흔적을 남기지 않았다.

죽은 불꽃, 이제 나는 너를 손에 넣었다!

나는 죽은 불꽃을 들고 자세히 보려고 했다. 그 차가운 기운에 내 손가락이 타들어갔다. 하지만 난 꾹 참으면서 그것을 집어 호주머니에 넣었다. 그러자 주위의 얼음 계곡이 일순간 온통 파랗게 변했다. 나는 얼음 계곡을 빠져나갈 방법을 궁리했다.

내 몸에서 한 줄기 검은 연기가 뿜어져 나와 실뱀처럼 위로 솟아올랐다. 사방이 얼음 계곡이었고 일순간 다시 시뻘건 불꽃이 온통 주위에 흐르며 커다란 화취(火聚)**처럼 나를 포위했다. 고개를 숙여 보니 죽은 불꽃이 활활 타오르며 내 옷을 태우고 얼음

---

 * 번뇌와 고통에 찬 속세, 불교 용어.
 ** 사나운 불이 모여 있는 곳, 불교 용어.

위로 흘러갔다.

"아아, 친구여! 나를 깨우려고 자네의 뜨거운 열기를 쓸 필요는 없네." 그가 말했다.

나는 연신 그에게 인사를 하며 이름을 물었다.

"전에 사람들이 나를 얼음 계곡에 버렸어." 그가 동문서답을 했다. "나를 버린 사람은 진즉 멸망했고, 사라졌지. 나도 얼어 죽을 지경이었고. 자네가 나를 덥혀서 내가 다시 불타오르게 해주지 않았으면 나는 머지않아 분명 사라졌을 거야."

"자네가 깨어나서 나도 기쁘네. 이 얼음 계곡을 빠져나갈 방법을 찾고 있었거든. 자네를 데리고 나가서 영원히 결빙되지 않고 불타오르게 하고 싶네."

"아아! 그럼 나를 완전히 불태워버려!"

"자네를 다 태워버리면 내가 너무 서운할 거야. 자네는 계속 여기에 남겨두겠네."

"아아! 그럼 나는 얼어서 사라지고 말 걸세."

"그럼 어떻게 할까!"

"자네라면 어떻게 하겠나?" 그가 반문했다.

"내가 말했지 않나, 난 이 계곡에서 나가……"

"그럼 차라리 완전히 불타버리는 게 낫겠네."

그가 갑자기 붉은 혜성처럼 위로 솟구쳐 올랐고 나도 얼음 계

그가 갑자기 붉은 혜성처럼 위로 솟구쳐 올랐고
나도 얼음 계곡 입구로 나왔다.

곡 입구로 나왔다. 커다란 돌수레가 갑자기 달려왔고 나는 결국 수레바퀴에 깔려 죽었다. 하지만 그 수레가 얼음 계곡으로 떨어지는 것을 볼 시간은 있었다.

"하하! 너희는 다시는 죽은 불꽃을 보지 못할 거야!" 나는 우쭐해서 웃으며 말했다. 마치 그러기를 바라는 것처럼.

1925년 4월 23일

개의 반박

狗的駁詰

나는 좁은 골목을 걷는 꿈을 꾸었다. 옷은 추레하고 거지 같았다.

개 한 마리가 뒤에서 짖었다.

나는 거만하게 돌아보며 나무랐다.

"닥치지 못해! 이런 아첨쟁이 개 같으니!"

"히힛!" 개가 웃었다. 그러고는 말했다. "제가 어떻게 감히 그러겠어요, 제가 어디 사람에 대겠어요?"

"뭐야?" 나는 화가 났다. 이건 완벽하게 지독한 모욕이라고 생각했다.

"부끄러울 따름입니다. 전 금화와 은화도 구분할 줄 모르고, 무명과 비단도 구분하지 못하고, 누가 관리이고 백성인지도 모르고, 노예와 주인도 구분할 줄 모릅니다. 그리고……"

나는 도망쳤다.

"잠깐만요. 우리 아직 할 이야기가 남았는데……" 그가 뒤에서 소리치며 붙들었다.

나는 도망쳤다. 죽어라 도망을 쳤고, 꿈에서 깨어났을 때 내 침대에 누워 있었다.

1925년 4월 23일

"잠깐만요. 우리 아직 할 이야기가 남았는데……"
그가 뒤에서 소리치며 붙들었다.

잃어버린 좋은 지옥

失掉的好地獄

꿈에서 나는 침대에 누워 있었다. 춥고 황량한 들판으로 지옥 옆이었다. 귀신들의 울부짖는 소리는 낮으면서도 체계가 있었는데, 불길의 사나운 외침과 부글부글 끓어오르는 기름 소리 그리고 쇠꼬챙이 떨리는 소리와 어울려 넋을 앗아가는 대악(大樂)이 되어 삼계(三界)*에 울렸다. 지하 세계는 태평스러웠다.

위대한 사내 하나가 내 앞에 서 있었다. 멋지고 자비롭고 온몸에서 큰 빛이 났는데, 나는 그가 마귀임을 알았다.

"모두 끝났도다! 모두 끝났도다! 좋은 지옥을 잃어버린 가여운 귀신들이여!" 그가 비분에 찬 목소리로 말하고는 앉아서 그

---

* 천국, 인간 세상, 지옥.

가 아는 이야기를 나에게 들려주었다.

"천지가 벌꿀색일 때, 마귀가 천신(天神)을 이기고 모든 것을 주재하는 큰 권력을 장악한 때였소. 그가 천국을 차지하고 인간 세상을 차지하고 지옥조차 차지했지. 그런 뒤 그가 지옥에 직접 와서 한가운데 앉아 온몸으로 큰 빛을 내며 모든 귀신을 비추었소.

지옥은 황폐해진 지 오래였소. 검수(劍樹)*는 진즉에 빛을 잃었고 기름솥 가장자리는 더 끓어오르지 않았소. 대화취(大火聚)도 그저 퍼런 연기나 뿜고, 멀리서 만다라꽃이 싹을 틔웠소. 꽃은 너무 작아서 참으로 가여웠소. 하지만 이상할 것이 없었소. 땅 위도 모두 불에 타서 비옥함을 잃었기 때문이오.

귀신들이 식은 기름과 사그라진 불 속에서 깨어나 마귀의 빛 속에서 지옥의 조그만 꽃을 보았소. 참으로 가여운 하얀 꽃에 몹시 이끌려 문득 인간 세상을 떠올리고 몇 년인지 모르도록 묵상을 하다가 마침내 인간 세상을 향해 지옥을 비난하며 절규를 했소.

인류는 그 소리를 듣고 일어나 정의를 외치며 마귀와 전투를 벌였소. 싸움 소리가 삼계에 가득해 우레보다 더 멀리 퍼졌소.

---

* 가지, 잎 등이 모두 칼로 되어 있는 지옥의 나무.

그리하여 큰 모략을 쓰고 큰 그물을 친 끝에 마귀들을 마침내 지옥에서 몰아냈소. 최후의 승리를 거두고 지옥 문에는 인류의 승리를 알리는 깃발이 내걸렸소.

귀신들이 일제히 환호성을 지를 때, 지옥의 질서를 잡을 인류의 사자(使者)가 지옥에 도착해 중앙에 앉아 인류의 위엄으로 모든 귀신에게 호령했소.

귀신들은 다시 지옥을 비난하며 절규하고 인류의 반역자가 되어 영원히 벗어날 수 없는 벌을 받고 검수 숲으로 보내졌소.

인류는 이리하여 지옥을 다스릴 큰 권력을 완전히 장악했소. 그 권력은 마귀들보다 더했소. 인류는 황폐해진 땅을 정돈하기 위해 먼저 우수아방(牛首阿旁)*에게 최고의 자리를 주었고, 장작을 넣고 불을 피우고 칼을 갈아 날을 세워 지옥의 면모를 일신하고 과거의 퇴폐적인 기상을 일소했소.

그러자 만다라꽃이 시들어버렸소. 기름은 예전처럼 다시 부글거리고 칼은 다시 번득이고 불은 다시 타오르고 귀신들은 다시 신음을 하면서 구르느라 잃어버린 좋은 지옥을 떠올릴 틈도 없었소.

이것은 인류의 성공이자 귀신들의 불행이오……

---

* 불교 전설에 나오는 소머리에 사람 몸을 한 지옥의 귀졸.

친구여, 당신은 지금 나를 의심하고 있지요. 그렇소. 당신은 사람이오. 나는 야수와 악귀를 찾아갈 거요……"

1925년 6월 16일

묘비명

墓碣文

  나는 묘비를 마주하고 서서 거기에 새겨진 글을 읽는 꿈을 꾸었다. 그 비석은 모래와 자갈로 만든 것 같았다. 떨어져 나간 곳이 많은 데다 이끼까지 돋아 보이는 글자가 얼마 되지 않았다.

  ……열광과 떠들썩한 외침 속에서 추위를 느끼고 하늘에서 심연을 보았다. 눈에 보이는 모든 것에서 무소유를 보고, 희망이 없는 곳에서 구원을 얻었다……

  ……유령 하나가 긴 뱀으로 변신했는데 입에는 독니가 나 있었다. 다른 사람은 물지 않고 자기 몸을 물어 끝내 목숨을 끊었다……

  ……떠나거라!……

  묘비 뒤로 돌아가자 무덤 하나가 보였다. 풀도 없는 데다 훼손

되어 있었다. 커다란 구멍으로 시체가 보이는데 가슴이 다 파헤쳐지고 심장과 내장도 남아 있지 않았다. 얼굴은 기쁘거나 슬픈 표정이 아니었고, 연기처럼 뿌연 모습이었다.

나는 무서운 나머지 미처 몸도 돌리지 못했는데 묘비 뒤쪽에 남아 있는 비문이 눈에 들어왔다.

……자기를 먹기로 마음먹고 무슨 맛인지 보려고 했다. 고통이 극심하여 어찌 그 맛을 알 것인가?……

……고통이 진정된 후 천천히 먹었다. 하지만 마음이 케케묵어서 어찌 그 맛을 알 것인가?……

……내게 답하라, 아니면 떠나거라!……

나는 바로 떠나려 했다. 그런데 시체가 무덤에서 일어나 앉아 입술을 움직이지도 않은 채 말했다.

"내가 흙이 될 때, 너는 내 미소를 볼 것이다!"

나는 죽어라 달렸고 그가 따라올까봐 뒤도 돌아보지 못했다.

1925년 6월 17일

퇴락의 전율

頹敗線的顫動

 꿈속에서 나는 꿈을 꾸고 있었다. 내가 있는 곳이 어디인지 모르겠지만 깊은 밤중이었고 문이 꼭 닫힌 조그만 집 안이었다. 집 위로 바위솔이 우거진 숲이 눈에 들어왔다.

 식탁에 놓인 남포등은 갓을 새로 갈았고, 방 안을 훤히 비추었다. 환한 불빛 아래 낡은 침대가 놓여 있고, 털이 난 낯선 살덩이 밑에 작고 연약한 몸뚱이가 굶주림과 고통과 놀라움, 부끄러움, 기쁨으로 전율하고 있었다. 늘어지긴 했어도 살이 오른 피부에서는 윤기가 흘렀다. 파르스름한 두 볼에서는 옅게 붉은빛이 나는 것이 납에 연지를 바른 것 같았다.

 등불도 두려움에 졸아들고 동녘이 어느새 희붐해지고 있었다.
 하지만 허공에는 굶주림과 고통과 놀라움, 부끄러움, 기쁨의 물결이 넘치며 흔들렸다.

"엄마!" 두 살쯤 되어 보이는 여자아이가 문소리에 잠에서 깨어 거적이 덮인 방구석 바닥에서 소리쳤다.

"날이 새려면 아직 멀었어, 더 자거라!" 그녀가 당황한 듯 말했다.

"엄마! 배고파, 배도 아프고. 우리 오늘은 뭐 먹을 수 있어?"

"오늘은 먹을 수 있어. 이따 샤오빙* 장사가 오면 엄마가 사줄게." 그녀가 안심이 된다는 듯 손에 쥔 은화를 다시 꼭 쥐었다. 낮은 목소리가 슬프게 떨렸다. 그녀는 구석으로 다가가 딸아이를 보더니 거적을 들추고 아이를 안아서 낡은 침대에 눕혔다.

"날 새려면 아직 멀었어. 더 자." 그녀는 말하면서 눈을 들어 낡은 지붕 위의 하늘을 하염없이 쳐다보았다.

공중에 갑자기 커다란 파도가 일어, 그전에 일었던 것과 충돌해 회전하면서 소용돌이를 이루었고, 나와 모든 것을 죄다 삼켜버렸다. 코로 숨도 쉴 수 없었다.

나는 신음하면서 잠에서 깨어났다. 창밖엔 은색 달빛이 가득했고 날이 밝으려면 아직 멀어 보였다.

---

* 밀가루를 반죽해 둥글게 혹은 네모나게 평평한 모양으로 만들어 구운 빵.

내가 있는 곳이 어디인지 모르겠지만 깊은 밤중이었고 문이 꼭 닫힌 조그만 집 안이었다. 나는 아까 그 꿈을 계속 꾸고 있다는 것을 알았다. 하지만 꿈속의 모습은 여러 해가 지난 뒤였다. 집 안팎이 말끔했다. 안에 젊은 부부와 아이들이 모여 있는데 다들 원한과 멸시에 찬 눈길로 늙은 여인을 바라보고 있었다.

"우리는 고개를 들지 못했어요. 당신 때문에요." 남자가 씩씩거리며 말했다. "당신은 그녀를 키워줬다고 생각하겠지만, 그건 사실 고통스럽게 만드는 일이었어요. 어렸을 때 죽는 편이 차라리 나았어요!"

"우리가 당신 때문에 평생 얼마나 고생했는지 아세요?" 여자가 말했다.

"저까지 망신을 시켰어요!" 남자가 말했다.

"저애들까지 망신을 시켰어요!" 여자가 아이들을 가리키며 말했다.

그때 마른 갈댓잎을 가지고 놀던 가장 어린 아이가 그것을 칼처럼 공중에 휙 긋더니 소리쳤다.

"죽여라!"

입가에 갑자기 경련이 일고 잠시 넋을 잃었던 늙은 여인은 곧 안정을 되찾았다. 얼마 되지 않아 그녀가 앙상한 석상처럼 냉정하게 일어섰다. 그녀는 판자문을 열더니 한밤중의 어둠 속으로

"우리가 당신 때문에 평생 얼마나 고생했는지 아세요?" 여자가 말했다.

걸어나갔다. 모든 차가운 욕설과 가시 돋친 비웃음을 등뒤로 한 채.

그녀는 한밤중의 어둠 속을 걸었다. 끝없는 황야가 있는 곳까지 걸었다. 주위가 온통 황야였다. 머리 위로 높은 하늘만 있을 뿐 벌레 하나, 새 한 마리 없었다. 그녀는 옷 하나 걸치지 않은 채 석상처럼 황야의 한가운데 섰다. 찰나에 지난날의 모든 것이 스쳐 지나갔다. 굶주림, 고통, 놀라움, 부끄러움, 기쁨, 그리하여 전율했다. 고통, 고생, 망신, 그리하여 경련이 일었다. 죽임, 그리하여 안정을 찾았다. ……다시 찰나에 지난날의 모든 것이 합쳐졌다. 그리움과 결별, 사랑과 복수, 양육과 내침, 축복과 저주…… 그리하여 그녀는 두 손을 들어 최대한 하늘을 향하고 입술 사이로 사람과 짐승의 소리, 인간 세상에 없는, 그러기에 말이 아닌 것 같은 말을 내뱉었다.

말이 아닌 것 같은 말을 하고 있을 때, 그녀는 석상처럼 위대했다. 하지만 이미 황폐해지고 퇴락한 몸이 온통 전율했다. 그 전율은 마치 물고기의 비늘 같았고, 비늘은 점점이 뜨거운 불에 끓어오르는 물처럼 일어났다. 허공도 이내 함께 전율했는데, 마치 폭풍우가 이는 거친 바다의 파도 같았다.

그리하여 그녀는 눈을 들고 하늘을 쳐다보며 말이 아닌 것 같은 말도 멈추었다. 오직 전율만이 햇빛처럼 내뿜어졌고 허공의

그녀는 두 손을 들어 최대한 하늘을 향하고 입술 사이로 사람과 짐승의 소리,
인간 세상에 없는, 그러기에 말이 아닌 것 같은 말을 내뱉었다.

파도가 소용돌이치기 시작했다. 태풍을 만나 끝없는 황야에서 용솟음치듯.

나는 가위눌렸는데 손을 가슴에 올려놓고 잤기 때문임을 알았다. 나는 꿈속에서도 젖 먹던 힘까지 쓰며 그 무거운 손을 옮기려고 애썼다.

1925년 6월 29일

생각을 표현하는 방법

立論

꿈에 나는 초등학교 교실에서 작문을 하려던 참이었고, 선생님에게 내 생각을 표현하는 방법을 묻고 있었다.

"어렵구나!" 선생님은 안경 너머로 눈빛을 보내며 나에게 말했다. "내가 이야기 하나 해줄게."

"어떤 집에 아들이 태어나서 온 집안사람이 몹시 기뻐했단다. 한 달 잔칫날이 되자 안고 나와 손님들에게 보여주었지. 대개 사람들이 좋은 말로 축복해주길 바라면서 그러는 것이지.

어떤 사람이 말했어. '커서 분명 돈을 많이 벌겠구먼.' 그러자 이 사람은 감사하다는 인사를 받았지.

어떤 사람이 말했어. '커서 분명 큰 벼슬을 하겠구먼.' 그러자 이 사람은 칭찬을 받았지.

어떤 사람이 말했어. '커서 분명 죽겠구먼.' 그러자 주위에 있던 사람들이 모두 달려들어 이 사람을 때렸지.

죽을 거라고 말한 것은 참말이고, 잘살고 출세할 거라고 말한 것은 거짓말이지. 하지만 거짓말을 한 사람은 좋은 보답을 받고 참말을 한 사람은 매를 맞은 것이지. 너는……"

"저는 거짓말을 하기도 싫고 매를 맞고 싶지도 않은데, 그러면 저는 어떻게 말해야 하지요, 선생님?"

"그럼 너는 이렇게 말하렴. '아아! 이 아이는! 보세요. 얼마나…… 아아! 하하! 허허! 헛, 허허허!'"

1925년 7월 8일

어떤 사람이 말했어. '커서 분명 돈을 많이 벌겠구먼.'

어떤 사람이 말했어. '커서 분명 큰 벼슬을 하겠구먼.'

어떤 사람이 말했어. '커서 분명 죽겠구먼.'

죽은 후에

死後

나는 내가 길에 죽어 있는 꿈을 꾸었다.

여기가 어디이고 내가 어떻게 죽었는지 전혀 알 수 없었다. 요컨대 내가 죽었음을 안 뒤에야 그곳에 죽어 있다는 것을 안 셈이다.

까치 우는 소리가 몇 번 들리고 까마귀가 뒤를 이었다. 흙냄새가 나기는 했지만 공기가 아주 상쾌했다. 동이 틀 무렵인 듯싶었다. 나는 눈을 뜨려고 했지만 조금도 움직일 수 없었다. 정말 내 눈이 아닌 것 같았다. 손을 쳐들려고 해도 마찬가지였다.

갑자기 예리한 공포의 화살이 내 심장을 관통하는 것 같았다. 내가 살아 있을 때 장난삼아 이런 생각을 해본 적이 있다. 사람이 죽었는데 운동신경만 죽고 지각은 살아 있다면 완전히 죽은 것보다 더 끔찍할 것이라고 말이다. 그런데 내 생각이 맞아떨어져서 내가 바로 그 생각을 증명하게 될 줄을 누가 알았으랴.

발걸음 소리가 들렸다. 길을 가는 모양이었다. 바퀴 하나짜리 수레가 내 머리 곁으로 지나갔다. 무거운 것을 실었는지 딸그락거리는 소리에 짜증이 났고 이도 덜거덕거렸다. 눈이 온통 붉게 느껴지는 것이 해가 떠오른 게 분명했다. 그렇다면 내 얼굴은 동쪽으로 향해 있을 것이다. 하지만 그것은 상관없었다. 왁자지껄 사람 소리가 나고 시끌벅적한 듯했다. 사람들 발길에 일어난 황토 먼지가 내 코에 날아들어와 재채기가 나려고 했지만 결국 하지 못했다. 재채기를 하고 싶기는 했지만.

계속 발걸음 소리가 나더니 내 곁에 와서 멈추었다. 속삭이는 소리가 늘어난 것으로 보아 사람들이 더 많아진 것 같았다. 문득 사람들이 뭐라고 하는지 듣고 싶어졌다. 하지만 동시에 이런 생각이 들었다. 살아 있을 때 비평이란 것은 웃음거리조차 되지 않는다고 말했는데, 아마도 본심이 아니었던 모양으로 죽자마자 본심이 드러나고 말았군. 그런데 계속 들어도 결론은 없었다. 종합하자면 그저 이런 것들이었다.

"죽었어?……"

"음…… 이 사람……"

"흥!……"

"쳇…… 쯧쯧!……"

귀에 익은 목소리가 들리지 않아 나는 아주 기뻤다. 아는 사람이 있었다면 그들 마음을 아프게 할 수도 있고 즐겁게 할 수도 있고, 아니면 그들에게 저녁 식사 후에 잡담거리를 제공하거나 소중한 시간을 낭비하게 할 수 있어서, 어쨌든 내가 미안하기 때문이다. 아무도 보이지 않고, 그래서 영향을 받을 사람이 아무도 없는 셈이다. 잘됐다. 미안해할 필요가 없어진 것이다.

그런데 아마 개미일 성싶은 것이 내 등짝을 기어오르면서 간질였다. 난 조금도 움직일 수 없어서 개미를 털어낼 능력을 벌써 잃은 상태였다. 살아 있었다면 몸을 조금만 비틀어도 개미를 떨어뜨릴 수 있었을 것이다. 그런데 허벅지에 또 한 마리가 기어올랐다. 네놈들 무슨 짓이냐? 이 버러지들아!

상황이 더 나빠졌다. 웅 하는 소리가 나더니 파리가 내 광대뼈에 앉았고 몇 발짝 떼더니 다시 날아서 이번에는 입으로 내 콧구멍을 빨았다. 나는 괴로워하며 생각했다. '친구여, 난 위대한 인간이 못 되니, 그대가 내 몸에 올라 시빗거리를 찾을 필요가 없네……' 하지만 말을 할 수 없었다. 파리는 코끝으로 기어나와 차가운 혀끝으로 내 입술을 빨았다. 친근함의 표현인지도 모르겠다. 다른 몇 마리가 내 눈썹에 모여들었고 발을 움직일 때마다 눈썹이 흔들렸다. 정말 진저리가, 참을 수 없을 정도로 진저리가 쳐졌다.

문득 한 줄기 바람이 불고 뭔가가 위쪽부터 나를 덮었다. 그것들이 함께 날아올라 떠나면서 말했다.

"안타깝도다!……"

나는 화가 나서 거의 정신을 잃었다.

땅에 목재가 끌리는 둔중한 소리와 바닥에 내려놓는 진동으로 나는 번쩍 정신이 들었다. 이마에 거적의 올이 느껴졌다. 하지만 거적이 바로 벗겨지면서 다시 뜨거운 햇살이 느껴졌다. 사람들이 말하는 소리가 들렸다.

"어쩌다 여기서 죽었지?……"

그 소리가 점점 가까워지더니 목소리의 주인이 허리를 굽히는 것 같았다. 하지만 사람이 죽을 곳이 정해져 있단 말인가? 나는 생전에 아무 데서나 살 권리를 누리지는 못했지만 내 마음대로 죽을 권리는 있다고 생각했다. 하지만 이제 보니 그게 아니었고, 사람들의 일반적인 생각에도 부합하지 않았다. 그러나 안타깝게도 내게는 종이와 붓이 없었다. 있다고 한들 쓸 수도 없고, 쓴다고 한들 발표할 곳도 없었다. 그저 이렇게 내버려두는 수밖에 없었다.

사람들이 오더니 나를 들었다. 누구인지는 모르겠다. 칼집 소리가 나는 걸로 보아 순경도 여기에, '죽어서는 안 되는' 이곳에 있는 것 같았다. 사람들이 나를 몇 바퀴 굴리고는 위로 들어 올리는 것 같더니 다시 밑으로 내리는 게 느껴졌다. 뚜껑을 덮고 못질을 하는 소리가 들렸다. 하지만 이상했다. 못을 두 개밖에 박지 않았다. 여기서는 관에 못을 두 개만 박는단 말인가?

나는 생각했다. 이제는 6면으로 된 벽에 갇혔다. 게다가 못질까지 되어 있다. 정말 완전히 망했다. 오호애재라!

'답답해 죽겠네!……' 나는 다시 생각했다.

하지만 사실 아까보다 훨씬 조용했다. 매장을 해서 그런 것인지도 모르지만. 손등에 거적의 올이 느껴졌다. 이런 수의도 나쁘지 않다는 생각이 들었다. 누가 날 위해 돈을 냈는지 모르는 게 안타깝기는 하지만. 그러나 나쁜 놈들, 염하는 녀석들아! 내 등 쪽 셔츠가 접혔는데 펴주지 않은 바람에 그것이 거치적거려 견디기 힘들었다. 죽은 사람이 뭘 알겠느냐고 생각해 일을 이렇게 건성으로 하다니? 허 참!

내 몸이 살아 있을 때보다 훨씬 무거워진 것 같았다. 그래서인지 옷이 구겨진 곳이 아주 불편하게 느껴졌다. 하지만 곧 습관이 되겠지 싶었다. 아니면 금방 썩을 테니 크게 성가시지는 않을 것이다. 그보다는 차라리 조용히 생각에 잠기는 편이 나을 것이다.

"안녕하세요? 돌아가신 건가요?"

무척 귀에 익은 목소리였다. 눈을 뜨고 보니 발고재(勃古齋)에서 고서를 판매하는 영업사원 청년이다. 이십여 년 동안 못 보았는데 옛날 그대로다. 6면의 벽을 다시 둘러보니 정말 어설프기 짝이 없었다. 겉을 전혀 매끈하게 다듬지 않았고 톱질도 거칠거칠 엉망이었다.

"신경 쓰지 마세요. 괜찮아요." 그가 진청색 천으로 된 꾸러미를 풀면서 말했다. "이것은 명나라 때 나온 『공양전(公羊傳)』*으로, 가정(嘉靖) 연간에 검정실로 제본한 것이에요. 제가 드릴게요. 가지세요. 이것은⋯⋯"

"자네!" 나는 놀라서 그의 눈을 똑바로 쳐다보며 말했다. "자네 제정신인가? 내가 이 모양인 걸 보면서도 무슨 명나라 때 것을 보라고⋯⋯"

"보셔도 돼요. 괜찮아요."

나는 바로 눈을 감았다. 그가 귀찮아서였다. 조금 지나자 아무런 소리도 들리지 않았다. 간 모양이었다. 하지만 개미 같은 것 한 마리가 다시 목으로 기어오르더니 얼굴까지 올라와 눈두덩을 따라 돌아다녔다.

---

* 『춘추공양전(春秋公羊傳)』의 명나라 때 목각본.

죽은 뒤에 사람의 생각이 바뀌리라고는 전혀 생각지 못했다. 갑자기 어떤 힘이 내 마음의 평화를 깨뜨렸다. 동시에 수많은 꿈이 눈앞에 펼쳐졌다. 몇몇 친구가 와서 편히 쉬길 기원해주었다. 나를 원수로 여기는 몇몇 사람은 내가 사라지길 기원했다. 하지만 나는 편히 쉬지도 못할뿐더러 사라지지도 못한 채 이러지도 저러지도 못한 처지로 살았고, 어느 편의 기대도 채워주지 못했다. 이제 내 원수들이 모르게 그림자처럼 죽어 그들이 품 안 들이고 즐거워하는 일도 없게 하였다.

나는 즐거우면서도 눈물이 나오려 했다. 내가 죽은 뒤 처음으로 흘리는 눈물일 것이다.

하지만 끝내 눈물은 흘리지 않았다. 눈앞에 불꽃 같은 것이 번쩍했고, 나는 자리에 앉았다.

1925년 7월 12일

이러한 전사

這樣的戰士

이러한 전사가 있었으면……

아프리카 토인처럼 잘 닦은 모제르 총을 등에 멘 사람도 아니다. 중국의 녹영병(綠營兵)*처럼 피곤에 찌든 채 소총을 들고 있는 사람도 아니다. 그는 소가죽이나 쇠로 만든 갑옷과 투구에는 전혀 의지하지 않는다. 그는 오직 자기 몸뿐이다. 물론 원시인이 쓰던 한 손으로 던지는 투창은 들고 있다.

그가 무형의 진지 속으로 들어간다. 만나는 사람마다 그에게 고개를 끄덕이며 인사를 한다. 그는 안다. 이렇게 고개를 끄덕이는 것이 적들의 무기라는 것을. 피를 흘리지 않고 사람을 죽이는

---

* 청나라 때 한족으로 이루어진 군대.

무기로, 수많은 전사가 이 때문에 사라졌고 폭탄처럼 용맹스러운 용사들이 힘을 쓰지 못했다는 것을.

그들의 머리에는 각종 깃발이 있고 여러 가지 좋은 이름이 수놓아져 있다. 자선가, 학자, 문인, 어른, 청년, 신사, 군자……머리 아래로는 여러 가지 외투가 있고 여러 가지 좋은 모양이 수놓아져 있다. 학문, 도덕, 민족의 정수, 민의(民意), 논리, 대의, 동양 문명……

하지만 그는 투창을 든다.

그들은 한목소리로 맹세하며 말한다. 자신들은 심장이 가슴 한가운데에 있어서 한쪽에 치우친 심장을 가진 사람들과 다르다고. 그들은 자기 심장이 가슴 한가운데에 있다는 확신을 증명하려고 가슴 한복판에 호심경(護心鏡)*을 달고 있다.

하지만 그는 투창을 든다.

그가 미소를 지으며 한쪽으로 치우치게 던졌지만 그들의 심장에 적중했다.

모든 것이 우수수 땅에 쓰러진다. 하지만 외투만 있을 뿐, 그 안에는 아무것도 없다. 무형의 물건은 벌써 달아나버렸고, 승리했다. 왜냐하면 전사는 이제 자선가 등을 살해한 죄인이 되었기

---

* 고대 중국에서 가슴을 보호하기 위해 달던 둥근 금속 조각.

때문이다.

하지만 그는 투창을 든다.

그는 무형의 진지 속으로 성큼성큼 걸어가면서 다시 예전처럼 고개를 끄덕이고 여러 가지 깃발이 꽂혀 있으며 여러 가지 외투가 놓여 있는 것을 본다.

하지만 그는 투창을 든다.

그는 마침내 무형의 진지 속에서 늙어가고 생을 마감한다. 그는 이제 전사가 아니다. 그리하여 무형의 물건은 승리했다.

상황이 이렇게 되자 누구도 싸움 소리를 듣지 않게 되었다. 태평하다.

태평하다……

하지만 그는 투창을 든다.

1925년 12월 14일

상황이 이렇게 되자 누구도 싸움 소리를 듣지 않게 되었다.
태평하다. 태평하다…… 하지만 그는 투창을 든다.

총명한 사람과 바보 그리고 노예
聰明人和傻子和奴才

노예는 걸핏하면 남에게 신세타령을 하곤 했다. 그럴 줄밖에 몰랐고 그럴 수밖에 없기도 했다. 어느 날 그는 총명한 사람을 만났다.

"선생님!" 그는 슬프게 말했다. 눈물 한 줄기가 금세 볼을 타고 흘렀다. "선생님도 아시다시피 저는 사는 꼴이 말이 아닙니다. 밥은 하루 한 끼 먹을까 하고, 그것도 수수찌꺼기로 개나 돼지도 거들떠보지 않는 것이지요. 게다가 겨우 손바닥만 한 그릇으로 한 그릇뿐입니다……"

"거참 불쌍하군." 총명한 사람은 안됐다는 듯 말했다.

"그렇지요!" 그는 기뻤다. "밤낮 일하느라 쉴 새가 없어요. 이른 아침에는 물을 길어야 하고, 저녁에는 밥을 지어야 하고, 낮

노예는 걸핏하면 남에게 신세타령을 하곤 했다.
그럴 줄밖에 몰랐고 그럴 수밖에 없기도 했다.

"거참 불쌍하군." 총명한 사람은 안됐다는 듯 말했다.

에는 뛰어다니며 심부름해야 하고, 맑은 날에는 빨래하고 비 오는 날에는 우산을 받쳐주어야 하고, 겨울이면 구들에 불 때고 여름이면 부채를 부쳐주어야 하고, 밤에는 버섯요리를 만들어 주인님이 마작 하는 방에 들여보내야 하지요. 그런데도 개평은 고사하고 매타작뿐이니……"

"쯧쯧, 저런……"

총명한 사람은 한숨을 내쉬었다. 눈시울이 붉어지며 금방이라도 눈물을 떨어뜨릴 것 같았다.

"선생님, 전 이렇게 살아갈 수 없습니다. 무슨 다른 방도를 찾아야 해요. 하지만 무슨 방법이 있을지?……"

"내 보기에 자네에겐 분명 좋은 날이 올 걸세."

"정말요? 그렇게만 된다면야. 어쨌든 이렇게 선생님께 제 신세를 털어놓고, 선생님께서 저를 동정하고 위로까지 해주시니 마음이 한결 낫네요. 세상에 죽으란 법은 없다더니 말이에요."

그러나 며칠 지나지 않아 그는 또다시 불평을 하기 시작했고, 신세타령을 들어줄 상대를 찾았다.

"선생님!" 그가 눈물을 흘리며 말했다. "아시다시피 제 집은 외양간만도 못하답니다. 주인은 저를 사람 취급도 안 해요. 저보다 강아지가 훨씬 더 귀여움을 받지요."

"이런 멍청이!" 듣던 이가 버럭 소리를 질렀고, 그는 깜짝 놀랐다. 그 사람은 바보였다.

"선생님, 제가 사는 데는 다 쓰러진 오두막이고, 눅눅하고 어두운 데다 온통 빈대가 우글거려 자려고 하면 여기저기 물고 난리지요. 썩은 냄새가 코를 찌르고, 사방에 창문 하나 없어요……"

"주인한테 창문 내달라는 말도 못해?"

"어떻게 그러겠어요?"

"좋아! 나랑 같이 가보자구!"

바보는 노예 집으로 갔다. 그러고는 이내 흙담을 허무는 것이었다.

"선생님, 지금 뭐 하시는 겁니까?" 그가 깜짝 놀라 말했다.

"자네한테 창문을 내주려는 게야."

"안 돼요! 주인님께 혼납니다!"

"괜찮아!" 그는 계속 벽을 헐었다.

"누구 없어요! 강도가 집을 부숴요! 빨리요, 꾸물거리다 벽에 구멍 나게 생겼어요." 그는 울부짖으며 바닥에 데굴데굴 굴렀다.

노예들이 우르르 몰려와 바보를 쫓아냈다.

고함 소리를 듣고 주인이 제일 늦게 천천히 나타났다.

"강도가 집을 부수려 해서 제가 제일 먼저 소리를 질렀습죠, 저희가 함께 몰아냈습니다요." 노예는 공손하게, 그러면서도 으쓱해하면서 아뢰었다.

"선생님!" 그가 눈물을 흘리며 말했다.

"자네한테 창문을 내주려는 게야."

"누구 없어요! 강도가 집을 부숴요!
빨리요, 꾸물거리다 벽에 구멍 나게 생겼어요."

노예들이 우르르 몰려와 바보를 쫓아냈다.

"강도가 집을 부수려 해서 제가 제일 먼저 소리를 질렀습죠, 저희가 함께 몰아냈습니다요." 노예는 공손하게, 그러면서도 으쓱해하면서 아뢰었다.

"그래, 잘했다." 주인이 그를 칭찬했다.

그날, 여러 사람이 찾아와 그를 위로해주었다. 그중에는 총명한 사람도 있었다.

"선생님, 이번에 제가 공을 세워 주인님께서 칭찬해주셨지요. 선생님이 지난번에 그러셨죠, 분명 잘될 거라고요. 정말 선견지명이 있으십니다." 그는 꿈에 부푼 듯 유쾌하게 떠들었다.

"암, 그렇고말고." 총명한 사람은 덕택에 자신도 유쾌하다는 듯 고개를 끄덕였다.

1925년 12월 26일

"선생님, 이번에 제가 공을 세워 주인님께서 칭찬해주셨지요. 선생님이 지난번에 그러셨죠, 분명 잘될 거라고요. 정말 선견지명이 있으십니다."

마른 나뭇잎

臘葉

등불 아래서 『안문집(雁文集)』*을 보는데 책갈피에 끼어 있던 마른 단풍잎 하나가 나왔다.

이것이 나를 작년 늦가을로 데려갔다. 밤에 된서리가 내리자 나뭇잎이 거의 시들고 뜰 앞에 있는 조그만 단풍나무도 붉게 물들었다. 나는 나무 곁을 거닐며 나뭇잎 색깔을 곰곰이 들여다보았다. 파란 잎이었을 때는 이렇게 주의를 기울이지 않았다. 나무 전체가 완전히 붉게 물든 것은 아니었다. 엷은 붉은색으로 물든 것이 가장 많았고 어떤 것은 붉은 바탕에 짙은 녹색 반점이 있었다. 어떤 잎은 벌레 먹은 구멍이 나 있었는데 테두리가 검었고,

---

* 중국 원나라의 시인 살도랄(薩都剌)의 시집.

빨강, 노랑, 녹색 얼룩들 틈에서 밝은 눈처럼 사람들을 응시하고 있었다. 나는 속으로 생각했다. 병든 잎이구나! 그러고는 잎을 따서 얼마 전에 산 『안문집』에 끼워두었다. 머지않아 떨어지고 벌레가 먹게 될 찬란한 색깔의 잎을 잠시나마 보존해 다른 잎들처럼 바람에 날아가버리지 않게 하고 싶어서였다.

하지만 오늘 저녁 그 나뭇잎은 누렇게 마른 채로 내 눈앞에 누워 있고, 작년에 빛나던 그 눈동자도 이젠 빛을 잃었다. 다시 몇 년이 지나고 나면 과거의 색깔은 내 기억에서 사라질 것이고, 그 잎이 어떻게 책에 끼어 있게 되었는지조차 모르게 될 것이다. 곧 떨어지려 하는 병든 잎의 찬란함도 지극히 짧은 동안에만 볼 수 있는데, 하물며 울창한 푸른 나뭇잎이야 일러 무엇할 것인가. 보라, 창밖을. 추위를 잘 견디던 나무들조차 잎이 다 졌는데, 단풍나무인들 말해 무엇할 것인가. 늦가을이니 작년 가을의 것과 비슷한 병든 나뭇잎이 또 있을 것이란 생각이 들지만, 유감스럽게도 나는 올해 그런 가을 나무를 즐길 여유가 없다.

1925년 12월 26일

흐릿한 핏자국 속에서
淡淡的血痕中
― 몇몇 죽은 사람과 산 사람, 아직 태어나지 않은 사람을 위해

지금의 조물주는 겁쟁이다.

그는 감쪽같이 하늘과 땅을 바꾸면서도 이 지구는 없애지 않는다. 감쪽같이 살아 있는 것을 시들어 죽게 하면서도 시체는 하나같이 영원히 보존하지 않는다. 감쪽같이 인류가 피를 흘리게 하면서도 피의 색깔이 영원히 진하게 남게 하지는 않는다. 감쪽같이 인류를 고통스럽게 만들면서도 인류가 그것을 영원히 기억하도록 하지는 않는다.

그는 오로지 자신의 동족 ― 인류 중의 겁쟁이 ― 을 생각해 폐허와 황폐한 무덤으로 화려한 집을 돋보이게 하고, 세월로 고통과 핏자국을 흐릿하게 한다. 날마다 단맛이 조금 나는 쓴 술을 담가 너무 적지도 많지도 않게 적당히 취할 정도로 사람들에게

건네주어 그것을 마신 자들을 울게 하고 노래하게 한다. 정신이 맑은 듯이, 취한 듯이, 아는 듯이, 모르는 듯이, 죽으려는 듯이, 살려는 듯이. 그는 모든 것을 꼭 살게 한다. 그에게는 인류를 모두 멸망시킬 용기가 없다.

폐허와 황폐한 무덤 몇이 지상에 흩어져 흐릿한 핏자국을 드러내고 사람들은 그 사이에서 자신과 타인의 아득한 슬픔과 고통을 씹는다. 하지만 그것을 뱉으려 하지 않은 채 그래도 공허보다는 낫다고 여기면서, 스스로를 '하늘의 희생자(戮民)'*라고 여기면서 자신과 타인의 아득한 슬픔과 고통을 씹는 것을 변명하고, 새로운 슬픔과 고통이 도래하기를 숨죽여 기다린다. 그들을 공포에 떨게 할 새로운 슬픔과 고통을 만나기를 갈망하기도 한다.

그들은 조물주의 선량한 백성이다. 그는 이렇게 되기를 바란다.

반역의 용사가 인간 세상에 나왔다. 그는 우뚝 서서 이미 바뀐 모든 것과 현실 속의 폐허와 황폐한 무덤을 꿰뚫어 보고는 깊고 오랜 고통과 슬픔의 기억을 떠올리며 켜켜이 쌓인 응혈을 직시하고, 모든 죽은 것과 방금 태어난 것, 곧 태어날 것과 아직 태어나지 않은 것을 깊이 이해한다. 그는 조화의 농간을 훤히 알고

---

*『장자』에 나오는 말.

있다. 그는 장차 인류를 소생시키거나 아니면 조물주의 양민인 인류를 소멸시킬 것이다.

   조물주, 겁쟁이는 부끄러울 것이고, 숨어버릴 것이다. 그리하여 용사의 눈에서 천지는 색깔이 변할 것이다.

1926년 4월 8일

조물주, 겁쟁이는 부끄러울 것이고, 숨어버릴 것이다.
그리하여 용사의 눈에서 천지는 색깔이 변할 것이다.

각성
―覺

학생들이 등교하듯 비행기가 날마다 아침에 베이징 하늘을 비행하며 폭탄을 투하하는 사명을 수행한다. 비행기가 공기를 가르는 소리를 들을 때마다 나는 신경이 곤두서고 '죽음'이 엄습함을 목도하였다. 하지만 동시에 '살아 있는' 존재를 절실하게 느끼기도 했다.

어렴풋이 한두 번 폭발음이 들리는가 싶더니 비행기가 웅웅거렸고 천천히 날아갔다. 사람이 죽거나 다쳤을 터이지만 세상은 아까보다 더 평화로워진 것 같다. 창밖 백양나무의 새잎이 햇빛을 받아 진한 황금빛으로 빛난다. 자두나무에도 어제보다 더 화려한 꽃이 피었다. 침대에 가득 어지럽게 흩어진 신문을 수습하고 어젯밤에 뿌옇게 앉은 책상의 먼지를 닦았다. 내 네모나고 조그만 서재는 오늘도 여전히 "창은 밝고 책상은 깨끗하다"는 말 그대로다.

나는 이런저런 이유로 오랫동안 나를 짓눌러온 여기 놓인 청년 작가들의 교정용 원고를 펼쳐 들었다. 전부 한번 훑어보려고 말이다. 작품을 쓴 시간 순서대로 읽어 내려갔다. 어떤 꾸밈도 마다한 청년들의 영혼이 내 눈앞에 우뚝 서 있었다. 그들은 훌륭했고, 순진했다. 아아, 그러나 그들은 괴로워하고 신음하고 분노했고, 마침내 거칠어졌다. 내 사랑스러운 청년들이여!

영혼이 비바람에 시달린 나머지 거칠어진 것이다. 사람의 영혼이기에 그렇다. 나는 이런 영혼을 사랑한다. 나는 모양도 색깔도 없는, 붉은 피가 흥건한 거칠어진 영혼에 입을 맞추고 싶다. 아름다운 정원에 화려한 꽃들이 피고 붉은 얼굴의 예쁜 소녀가 세상에 초연한 채 산책을 하고 학이 울고 하얀 구름이 가득 일고⋯⋯ 이런 모습은 물론 사람들이 그리워하는 바다. 하지만 나는 늘 사람 사는 세상에 있었다고 기억한다.

나는 문득 한 가지 일을 떠올렸다. 이삼 년 전, 베이징 대학 교무실에 있는데 낯선 청년이 들어왔다. 말 없이 내게 포장한 책을 건네주는데, 펴보니 〈천초(淺草)〉*였다. 그는 아무 말이 없었지

---

* 1923년에 창간된 문예잡지.

만 나는 많은 말을 이해했다. 아아, 그 선물은 얼마나 풍요로웠던가! 하지만 안타깝게도 〈천초〉는 더 나오지 않았고, 〈침종(沈鐘)〉*의 전신이 되는 것으로 그쳤다. 〈침종〉의 소리는 비바람 속에서, 사람의 바다 깊은 곳에서 적막하게 울리고 있다.

야생 엉겅퀴가 치명적인 훼손을 당하고도 조그만 꽃을 피우자 감동해 소설을 썼던 톨스토이가 기억난다. 하지만 바짝 마른 사막에 뿌리를 내린 풀과 나무는 필사적으로 뿌리를 뻗어 땅속 깊은 곳에 있는 물을 흡수해 푸른 숲을 이룬다. 이것은 물론 자기의 삶을 위한 것이지만 피곤에 지치고 목마른 여행객들은 이것을 보고 잠시 쉴 곳을 만났다고 기뻐한다. 이것은 얼마나 감격적이고, 얼마나 슬픈 일인가!

〈침종〉에 실린 「무제―공고를 대신하여」라는 글에서 말했다. "혹자는 우리 사회가 사막이라고 말한다. 정말 사막이라면 조금 황량하더라도 조용했으면 좋겠다. 조금 적막하더라도 끝없는 아득함이라도 느낄 수 있으면 좋겠다. 왜 이리 혼돈스럽고, 왜 이리 음침하고, 왜 이리 이상하기 짝이 없단 말인가!"

그렇다. 청년들의 영혼이 내 앞에 우뚝 서 있다. 그들은 벌써 거칠어졌거나 머지않아 거칠어질 것이다. 하지만 나는 그런 피

---

* 1925년 베이징에서 창간된 문예잡지.

나는 피곤해 담배를 집어 든다. 이름 모를 생각 속에서 조용히 눈을 감는다.
긴 꿈이 보인다.

흘리고 고통받는 영혼을 사랑한다. 내가 인간 세상에 있음을, 인간 세상에 살고 있음을 느끼게 해주기 때문이다.

    교정을 보는 동안 석양이 서쪽 아래 걸렸다. 등불이 내게 불을 밝혀주고 있다. 여러 타입의 청년이 눈앞에 나타났다 하나하나 사라진다. 하지만 내 주위는 황혼이 에워싸고 있다. 나는 피곤해 담배를 집어 든다. 이름 모를 생각 속에서 조용히 눈을 감는다. 긴 꿈이 보인다. 그러다 문득 깨어난다. 내 주위는 여전히 황혼에 에워싸여 있다. 담배 연기가 움직임 없는 공기 속에서 여름 뭉게구름처럼 피어오르며 뭐라 이름 붙이기 어려운 형상을 만들어낸다.

1926년 4월 10일

루쉰 연보

1881년 9월 25일 저장 성(浙江省) 사오싱 현(紹興縣)에서 아버지 저우원위(周文郁)와 어머니 루루이(魯瑞)의 장남으로 태어나다. 본명은 저우수런(周樹人).

1893년(13세) 할아버지가 뇌물 사건에 연루되어 투옥되고 아버지가 병이 들면서 집안이 몰락하다.

1898년(18세) 난징의 강남수사학당(江南水師學堂)에 입학하다.

1900년(20세) 강남육사학당(江南陸師學堂) 부설 광무철로학당(鑛務鐵路學堂)으로 옮겨가다.

1902년(22세) 국비 일본 유학생으로 선발되어 유학생 예비학교인 도쿄 홍문학원(弘文學院)에 입학하다.

1903년(23세) 잡지 〈절강조(浙江潮)〉에 번역문 「스파르타의 혼」, 과학논문 「라듐에 대하여」 「중국지질약론」을 발표하고, 쥘 베른의 과학소설 『달나라 탐험』 『지구 속 여행』을 번역하다.

1904년(24세) 센다이(仙臺) 의학전문학교에 입학하다.

1906년(26세) 학교를 중퇴하고 잠시 귀국해 어머니의 권유로 주안

(朱安)과 결혼하다. 다시 일본 도쿄로 돌아가다.

1907년(27세) 동생 쮀런(作人), 친구 쉬서우상(許壽裳) 등과 문예지 〈신생(新生)〉을 창간하려 했으나 무산되다. 잡지 〈하남(河南)〉에 「문화편향발전론(文化偏至論)」「악마파 시의 힘」 등을 발표하다.

1909년(29세) 러시아와 동유럽 소설을 번역한 『역외(域外) 소설집』 두 권을 출간하다. 중국으로 돌아와 항저우의 저장양급(浙江兩級) 사범학당에서 화학과 생리학을 가르치다.

1911년(31세) 신해혁명으로 중화민국 정부가 수립되다. 사오싱 현의 산후에이(山會) 초등사범학교 교장으로 취임하고 한문소설 「회구(懷舊)」를 쓰다.

1912년(32세) 난징의 임시정부에 교육부 직원으로 들어가다. 5월에 정부가 베이징으로 옮겨가면서 함께 베이징으로 가다.

1918년(38세) 단편소설 「광인일기」를 루쉰이라는 필명으로 〈신청년(新青年)〉에 발표하다.

1919년(39세) 단편소설 「쿵이지(孔乙己)」「약」을 발표하다.

1920년(40세) 단편소설 「내일(明天)」「작은 사건(一件小事)」「머리털 이야기(頭髮的故事)」「풍파(風波)」를 여러 잡지에 발표하다.

1921년(41세) 〈신청년〉에 단편소설 「고향」을 발표하다. 베이징 신문 〈천바오(晨報)〉 부록판에 중편소설 「아Q정전」 연재를 시작하다.

1922년(42세) 러시아 작가 에로센코의 『동화집』을 번역 출간하다. 단편소설 「단오절(端午節)」 「흰빛(白光)」 「토끼와 고양이(兎和猫)」 「오리의 희극(鴨的喜劇)」 「마을 연극(社戲)」 「부주산(不周山)」을 발표하다.

1923년(43세) 「광인일기」 등 열다섯 편의 중단편소설을 묶은 첫 소설집 『외침(吶喊)』과 문학연구서 『중국소설사략(中國小說史略)』 상권을 출간하다. 베이징 여자고등사범학교(베이징 여자사범대학의 전신)와 세계어 전문학교에 출강하다.

1924년(44세) 단편소설 「복을 비는 제사(祝福)」 「술집에서(在酒樓上)」 「행복한 가정(幸福的家庭)」 「비누(肥皂)」를 발표하다. 『중국소설사략』 하권을 출간하다. 주간지 〈어사(語絲)〉 창간에 참여하다.

1925년(45세) 단편소설 「장명등(長明燈)」 「조리 돌리기(示衆)」 「가오 선생(高老夫子)」 「고독한 사람(孤獨者)」 「죽음을 슬퍼하며(傷逝)」를 발표하다. 첫 산문집 『열풍(熱風)』을 출간하다.

1926년(46세) 산문집 『화개집(華蓋集)』, 열한 편의 소설을 묶은 소설집 『방황(彷徨)』을 출간하다. 북경을 떠나 샤먼(廈門) 대학 문과 교수로 취임하다. 단편소설 「미간척(眉間尺)」(뒤에 「도공의 복수(鑄劍)」로 제목 바꿈) 「달로 달아나다(奔月)」를 쓰고 다음해에 발표하다.

1927년(47세) 샤먼을 떠나 광저우로 가서 중산(中山) 대학 문과 교수로 취임하다. 산문집 『화개집 속편』 『무덤(墳)』 『들풀(野草)』을 출간하다. 다시 광저우를 떠나 상하이로 가서 쉬광핑(許廣平)과 동거를 시작하다.

1928년(48세) 산문집 『아침 꽃을 저녁에 줍다(朝花夕拾)』 『이이집(而已集)』을 출간하다.

1929년(49세) 왕팡런(王方仁), 추이전우(崔眞吾) 등과 함께 문학단체 자오화사(朝花社)를 조직해 〈조화주간(朝花週刊)〉〈조화순간(朝花旬刊)〉 등을 발행하다. 러시아 문예비평가 루나차르스키의 『예술론』 『문예와 비평』 일역본을 번역 출간하다. 문예비평 논문을 번역한 글을 묶은 『벽하역총(壁下譯叢)』을 출간하다.

1930년(50세) 자유운동대동맹에 참가하고, 중국좌익작가연맹의 대표로 선임되다. 러시아 이론가 플레하노프의 『예술론』 일역본을 번역 출간하다.

1932년(52세) 산문집 『삼한집(三閑集)』 『이심집(二心集)』, 러시아 단편소설을 모은 『수금(竪琴)』을 출간하다.

1933년(53세) 소설선집 『루쉰 자선집(自選集)』, 서간집 『양지서(兩地書)』, 산문선집 『루쉰 잡감선(雜感選)』, 산문집 『위자유서(僞自由書)』를 출간하다.

1934년(54세) 산문집 『남강북조(南腔北調)』 『준풍월담(准風月談)』을 출간하다.

1935년(55세) 고리키의 『러시아의 동화』 일역본을 번역 출간하다. 산문집 『집외집(集外集)』 『문외문담(門外文談)』을 출간하다. 단편소설 「물을 다스리다(理水)」 「고사리를 캐다(采薇)」 「관문을 나가다(出關)」 「다시 살아나다(起死)」를 쓰다.

1936년(56세) 여덟 편의 단편을 묶은 세번째 소설집 『새로 쓴 옛이야기(故事新編)』와 산문집 『화변문학(花邊文學)』을 출간하다. 10월 19일 지병인 폐결핵으로 사망하다.

옮긴이의 말

희망과 절망 사이에 선 루쉰과 『들풀』

루쉰의 산문집 『들풀』은 매우 독특하다. 형식에서도 그렇고, 내용에서도 그렇다. 우선 형식에서 『들풀』에 들어 있는 작품은 산문도 있고, 산문시도 있고, 시극(詩劇) 형식도 있다. 여러 가지 다양한 형식의 글쓰기가 망라된 셈인데, 글의 틀만 그런 것이 아니라 언어 또한 그러하다. 구어와 문어, 현대어와 고어, 일상어와 불교 용어, 자신이 만들어낸 독특한 신조어 등 서로 낯설고 충돌하는 언어들이 뒤섞여 독특한 분위기를 연출하고 있다. 여기에 실린 글들은 내용도 매우 독특하다. 루쉰은 현실의 첨예한 문제를 다룬 글을 주로 썼지만, 『들풀』에는 사후 세계나 지옥 같은 상상의 세계와 환상을 다룬 글이 무척 많다. 외치고 주장하고 비판하기보다는 고뇌하고 방황하고 스스로를 되돌아보는 내

용이 환상과 상징의 수법, 낯선 언어를 통해 표현되어 있다. 루쉰의 글을 얼마간 접해본 독자들이라도 이런 루쉰의 글들은 낯설게 느껴질 것이다. 하지만 루쉰과 그의 삶, 그리고 그의 정신세계를 좀더 깊이 들여다보는 데 『들풀』은 빼놓을 수 없는 작품이다.

루쉰은 『들풀』을 두고 '황폐한 지옥의 테두리에 핀 비참한 작은 흰 꽃'이라고 했다. 황폐한 지옥 같은 현실이지만, 그래도 그 속에서 삶의 의미와 자신의 존재 의미를 찾아 몸부림하던 시절에 쓴 글들이 바로 『들풀』에 실린 글들이다. 『들풀』에는 1924년 9월부터 1926년 4월 사이에 쓴 글들이 실려 있는데, 이 시기는 루쉰에게 가장 고통스럽고 힘든 시기였다. 5.4운동(1919)을 전후해 폭발한 변혁운동도 침체 상태에 빠졌다. 변혁을 추구하던 대오는 흩어졌고 복고의 물결이 밀어닥쳤다. 원래 소설과 산문을 망라해 루쉰의 글쓰기가 중국 사회와 중국인을 개혁하는 데 뜻을 두고 출발했던 까닭에 갈수록 더해가는 중국의 어두운 현실은 루쉰의 고민을 깊게 할 수밖에 없었다.

루쉰 개인사 차원에서도 이 시기는 매우 힘들었다. 그의 동생 저우쩌런(周作人)은 일본 유학 생활도 같이하고, 함께 문학을 하는 문학적 동지이기도 했다. 그런데 동생과 갈등이 생겨 갈라섰다. 함께 살던 집에서 나와 따로 거처를 마련할 정도였다. 장

손으로서 일찍 돌아가신 아버지를 대신해 동생을 돌봤던 그에게는 큰 충격이었다. 그런가 하면 그가 재직 중이던 베이징 여자사범대학에서 1925년에 일어난 일련의 사건도 그를 힘들게 했다. 교장이 진보적인 학생회 간부들을 징계하자 루쉰 등이 여기에 반발해 교장의 부당한 처사를 비판하며 학생들을 지지했고, 이로 인해 루쉰 역시 학교와 정부로부터 비판과 감시를 당하는 요주의 인물이 된 것이다.

중국 현실과 개인사의 이유로 『들풀』을 쓸 당시 루쉰은 위기이자 기로에 서 있었다. 『들풀』에 실린 글에서 삶과 죽음, 희망과 절망, 빛과 어둠 같은 대립하는 단어들이 빈번히 등장하면서 팽팽한 긴장을 이루는 것은 당시 위기와 기로에 서 있던 루쉰의 상황을 반영한다. 루쉰은 그러한 위기와 기로에서 자신이 그동안 믿고 추구해왔던 가치와 자신의 삶을 스스로 되묻는데, 이는 자기 성찰의 과정이자 자기 긍정의 과정이기도 하다. 『들풀』에 실린 글 중 꿈과 환상을 다룬 작품에서 화자와 작품 속 인물이 서로 대화하거나 서로를 되비추는 것은 기실 루쉰 내면을 드러낸 것이다.

『들풀』을 쓸 당시 루쉰은 확실히 당시 중국 현실을 더없이 어둡게, 매우 절망적으로 보고 있었다. 「그림자의 작별」에서 그는 "암흑과 공허뿐이다"라면서 "나는 그저 암흑이 되고 싶다"고 말한다. 이런 어두운 현실 때문에 "나는 그저 공허가 되고 싶다"고 말하는 것을 보면, 그가 지녔던 가치와 믿음이 흔들리고, 중국 변혁에 대한 전망이 비관적으로 바뀌고 있다는 것을 짐작할 수 있다. 하지만 그렇다고 루쉰이 일체의 희망을 포기하고 절망에 빠진 것은 아니었다. 그의 글 「희망」은 절망과 희망에 대한 루쉰의 고유한 사고를 담고 있다. 이 글에서 루쉰은 "희망은 탕녀로다"라는 헝가리 시인 페퇴피의 언급을 인용한 뒤 "절망은 허망하다. 희망이 그러하듯"이라고 말한다. 희망이 허망하기에 좌절하고 포기하는 것이 아니라 절망 또한 허망하다는 것을 알기에 "별도 없고, 달도 없고" 심지어 "진정한 암흑의 밤조차도 없"는 현실에서 혼자서라도 희망의 끈을 놓지 않겠다면서, "나 홀로 이 공허 속 암흑의 밤과 싸우는 수밖에 없다"고 결의를 다진다.

그런가 하면, 일종의 시극 형식으로 된 「행인」에 나오는 '행인'은 절망의 상황 혹은 자신이 그동안 추구해왔던 것이 수포로 돌아가는 상황에서 절망과 무의미와 싸워가면서 존재의 의미를 찾는 구도자이다. 그에게는 앞에 무덤이 있다는 노인의 말이나 수많은 꽃들이 있다는 소녀의 말도 중요하지 않다. 그에게 오직 중요한 것은 현재이고, 길을 가는 것을 포기하거나 멈출 수 없다는 것이다. 남들이 아무리 희망이 없다고 하더라도 상처투성이가 된 몸을 이끌고 길을 갈 수밖에 없다는 것은 현실의 절망과 무의미마저도 현실의 일부로서, 삶의 일부로서 승인하고 떠안은 사람에게만 가능한 선택인데, 루쉰의 선택이 바로 그렇다. "침묵할 때 나는 가득 참을 느낀다"는 『들풀』의 머리글은 이런 맥락에서 이해할 수 있다.

  루쉰은 중국을 변혁하기 위해서는 잠들어 있는 민중의 활력을 일깨우고, 마비된 민중을 참다운 인간으로 만드는 것이 필요하다는 지론을 가지고 있었고, 그런 루쉰의 생각은 『들풀』에 실린 글들에서 확인할 수 있다. 「총명한 사람과 바보 그리고 노예」라는 글에서는 민중의 불행한 처지를 안타깝게 생각하지만, 그들의 노예근성에는 가차 없는 비판을 가했던 루쉰의 정신을 엿볼 수 있다. 그런 우매한 민중을 두고 루쉰은 중국 민중은 연극을 구경하는 구경꾼일 뿐이라고 비판한 적이 있다. 중국 민중이 구경꾼이 아니라 무대의 주역으로 나설 때 중국 현실이 변화될 것이라는 판단인데, 「복수」「복수 2」에는 루쉰의 그런 사고가 여실히 드러나 있다. 이 두 글은 두 전사 혹은 예수와 구경꾼인 민중을 대립 축으로 하고 있다. 들판에 서 있는 두 전사를 둘러싼 민중은 그저 구경꾼일 뿐이고, 그들은 두 사람이 왜 싸우는지에 전혀 관심이 없다. 그저 신나는 구경거리만 기대한다. 예수의 죽음을 다룬 「복수 2」에서 예수를 죽이라고 외치는 사람들은 바로 민중이다. 중국 민중의 노예근성을 비판해온 루쉰 사상의 일단

이 드러나 있다.

그런데 주목할 것은 그런 민중에게 루쉰이 제시한 복수 방법이다.「복수」에서 두 전사는 꿈쩍도 하지 않은 채로 말라 죽는다. 전사들의 희생을 아무런 생각 없이 즐기고 심지어 그들을 박해하는 민중에게 아예 그들이 구경하고자 하는 연극판을 치워버림으로써 싸움 구경을 기대하던 사람들을 무료하게 만드는 이 방법은 루쉰이 마비된 중국 민중에게 던지는 복수이다. 고독한 선구자 혹은 변혁을 추구하는 선각자와 우매한 민중이라는 대립 구도는 루쉰 문학에서 핵심 주제 가운데 하나인데, 그것이『들풀』에 실린 글들에서 매우 상징적으로 드러난다.

루쉰은 중국 사회와 중국 민중의 어둠을 향해 가차 없는 비수의 글을 날렸고,『들풀』에서도 그러한 면모는 여실하다. 하지만 루쉰의 다른 산문집과 달리『들풀』에 실린 글들은 루쉰이 중국 사회의 어둠과 박투하는 과정에서 루쉰 내면에 일어난 고뇌와 상처의 흔적을 가감 없이 보여준다. 루쉰은 자신이 어떤 때는 개인주의자가 되고 어떤 때는 휴머니스트가 되는 모순된 면을 지니고 있다고 술회한 바 있는데,『들풀』에 실린 글들은 희망이 부재한 현실에서 박투하고 고뇌하던 루쉰의 그런 양면성을 들여다보는 데 무척 유용하다.『들풀』이 루쉰과 그의 문학을 이해하는 데 중요한 의미를 지니는 이유이다. 물론 루쉰의 어떤 소설집,

어떤 산문집에 실린 글보다 상징적인 수법이 많이 사용된 『들풀』을 통해 루쉰의 문학적 재능을 다시금 확인할 수 있는 것도 『들풀』이 갖는 중요한 의미 가운데 하나이다.

2011년 1월
이욱연

지은이 **루쉰**
중국의 문학가, 사상가, 혁명가, 교육가. 1918년 중국 근대문학사상 최초의 백화소설인 「광인일기」를 발표하고, 이어 1921년 「아Q정전」으로 중국사회에 큰 반향을 일으켰다. 평생 중국 문화사업에 공헌했고, 진보적 외국문학뿐 아니라 국내외 저명한 회화와 판화 작품을 소개하는 데 힘썼으며, 수많은 고전문학을 연구하고 정리했다.

옮긴이 **이욱연**
고려대 중문과와 동 대학원을 졸업했고, 현재 서강대 중국문화전공 교수이다. 『아Q정전』 『들풀』 『광인일기』 『고독자』 『옛이야기, 다시 쓰다』 『우리는 거대한 차이 속에 살고 있다』 등을 우리말로 옮겼고, 지은 책으로 『루쉰 읽는 밤, 나를 읽는 시간』 『이욱연의 중국 수업』 『이만큼 가까운 중국』 등이 있다.

문학동네 세계문학

들풀

1판 1쇄 2011년 2월 25일 | 1판 2쇄 2023년 10월 25일

지은이 루쉰 | 옮긴이 이욱연
책임편집 류현영 | 편집 조성웅
디자인 송윤형 이원경 | 저작권 박지영 형소진 최은진 서연주 오서영
마케팅 정민호 서지화 한민아 이민경 안남영 왕지경 황승현 김혜원 김하연
브랜딩 함유지 함근아 고보미 박민재 김희숙 정승민 배진성
제작 강신은 김동욱 이순호 | 제작처 한영문화사

펴낸곳 (주)문학동네 | 펴낸이 김소영
출판등록 1993년 10월 22일 제2003-000045호
주소 10881 경기도 파주시 회동길 210
전자우편 editor@munhak.com | 대표전화 031) 955-8888 | 팩스 031) 955-8855
문의전화 031) 955-1927(마케팅) 031) 955-1917(편집)
문학동네카페 http://cafe.naver.com/mhdn
인스타그램 @munhakdongne | 트위터 @munhakdongne
북클럽문학동네 http://bookclubmunhak.com

ISBN 978-89-546-1413-9 04820
　　　978-89-546-1411-5 (세트)

잘못된 책은 구입하신 서점에서 교환해드립니다.
기타 교환 문의 031) 955-2661, 3580

www.munhak.com